한없이 가벼운

놓지 못하는 삶

목차

멘탈이 바사삭

- 7   (자칭)프로 선생님, 어느 날 개가 되다
- 15   눈물과 상처뿐인 농구, 그럼에도
- 22   잡혀갈 뻔한 중고 거래 썰

한없이 가벼운

- 33   차마 미워할 수 없는 이소룡
- 41   멈추려네 집착하지 않는 삶에 집착하는 것 따위
- 50   (광고 아님)NewBal 574, 그리고 雪中山 슬라이드
- 57   기묘(奇妙)한 산행, 우연히 모인 친구들, 어떤 깨달음

놓지, 잊지 못하는

- 71   엄마 얼굴에 핀 '기미꽃' 대신 '웃음꽃'
- 77   아버지마저 형제를 속일지라도
- 89   기억, 현재 진행형으로 소실 중
- 97   미련(未練)함에도, 잊어야 한다고

느려도 된다면

- 107   밤의 고양이는 사람이 무섭지 않다
- 114   통기타, 되겠지요 언젠가는
- 122   축가, 영광의 시대는 지금입니다
- 131   땡볕 러닝한 '거북이'에게 립 서비스를

멘탈이 바사삭

(자칭)프로 선생님, 어느 날 개가 되다

"선생님 개 같다."

놀랍게도 복도에서 처음 본 아이가 내게 한 말이다. 마음속엔 격정의 폭풍이 휘몰아쳤지만, 괜찮다. 난 프로니까.

"선생님한테 개라고 하면 어떡해."

얼굴에 만연한 미소를 지으며 아이에게 얘기한다. 인내심 레벨업.

'이쯤 하면 아이도 알아먹었겠지.' 하는데.
아이는 잠시 생각하더니, 운을 띄우려 한다. 그 찰나에.
'그래. 미안하다거나, 상응하는 말을 하렴. 선생님은 그 말을 들을 준비가 되어있단다.'

"그럼 강아지."
'이건 그냥 욕이 아닌가?'
오늘부로 난 프로 반납이다.

'강아지는 네가 더 닮았거든?'
마음의 소리가 현실 세계(Real World)로 마구 쏟아져 나오려고 하지만, '업(業)'에 알맞은 행동을 해야 한다. 적어도 행동강령 뭐 시기에 그렇게 쓰여 있다. 가볍게 미소를 지으며, 가던 길을 간다. 무소의 뿔처럼. 뿔은 단단히 났지만.

화도 나고. 다소 웃기기도 한 상황. 이럴 땐 형제가 최고다. 불철주야(不撤晝夜)공무가 다망(多忙)하실 대한민국 지킴이께 전화를 때린다. 아차. 전화는 거는 거지. 동생은 평소와 같이 귀찮은 듯 전화를 받는다.

"왜."
"애가 나보고 개 같대."
"ㅋㅋㅋㅋㅋㅋ 왜?"
"몰라. 이런 경우는 처음이다. 개 충격이네."

이후 시시껄렁한 대화. 기억나질 않는 거 보니, 간단히 안부 묻고 끝냈나 보다. 며칠 후, 엄마에게 전화가 온다. 다짜고짜.
"너 애한테 못생겼다는 말 들었다며. 저번에 코 울퉁불퉁한 거 그거 한 번 더 해야겠더라. 어쩌고 저쩌고…"

난 곰보 코 돌하르방이 되었다. 입이 있어도 이야기를 할 수 없는 상황(有口無言). 동생이 말을 잘못 전한 건지, 엄마가 듣고 싶은 대로 듣고 하는 말인 건지. 하.

"엄마 그게 아니고, 어린애가 내 모습이 개를 닮았다고 한 거야. 개 같이 못생겼다는 뜻이 아니고. 진짜 왜 그래."

"그래. 내가 이상하다 했다."

엄마는 저 할 말만 하고 전화를 끊어 버렸다. 여느 때처럼. 이쯤에서 이 해프닝은 매듭이 지어지는 듯했다. 그래야 했다. 그러길 바랐다.

"강아지야!"

교실에 앉아 있는 아무 죄도 없는 내게 눈먼 돌이 날아왔다. 난 개구리가 아니다. 조용히 있는 내게 누가 짱돌을 던진단 말인가. 말의 주인을 쫓으니, 바로 저번에 그 녀석이다. 들끓는 혈압을 가까스로 억누르며, 위엄 있는 목소리로 말했다.

"선생님한테 그런 말 하면 안 돼."

선생님의 스킬. 엄중경고(嚴重警告) 발동. 물론 개구쟁이에겐 이 기술에 대해 면역이 있다. 뭐라 하건 말건, 아이는 제 갈 길을 갔다. 어른이자 선생님으로서 권위를 지켰다는 작은 안도감. 그 후에 몰려온 훨씬 큰 패배감, 마음의 상처.

감성 영역의 일을 논리의 영역으로 끌어와 아이의 의도를 파악하려 했다. 하지만 왜 나보고 개라고 하는지 도무지 이유를 알 수 없었다.

여느 때처럼, 교실에서 기타를 치고 있었다. 하나, 둘 여아들이 몰리더니, 하는 말.
"선생님 기타 치면서 멋있는 척 좀 하지 마세요."
머리를 흔들어 눈앞에 거슬리는 앞머리를 정리했던 때일까. 심심하면 시비를 거는 녀석들이다. 그렇다. 내 주위는 이런 녀석투성이다. 내 잘못일까. 이 녀석들 잘못일까.

"멋있는 척이라고 생각하는 건 네가 진짜 멋있다고 생각해서 아니겠니."

아이들은 잠시 어처구니없다는 표정을 짓더니, 이렇게 답한다.

"어휴. 선생님 T에요?"

쟤들은 불러할 때마다 날 MBTI의 대문자 T로 만들고 만다. 입씨름하다 보면 피곤할 것 같아 기타를 잠자코 쳤다.

"근데 선생님 강아지 같지 않아?"
"그 개 중에서 있잖아..."
지들끼리 아주 신났다.

'속닥거려도 다 들린다고. 그런데 개?'

그렇구나! 갑자기 개 중에 앞머리가 길어 얼굴을 가리는 개의 모습이 번개처럼 떠올랐다. 코는 둥글고, 앞머리가 긴 그 종.

'Eureka!'

아르키메데스도 이만한 깨우침을 얻지 못했을 거다. 그럼에도 깨 벗은 그처럼 즐거워졌다. 세상의 모든 진실이 무슨 의미가 있으리. 파랑새는 가까이 있는데.

좋아하는 드라마 OST 일부이다.

이제 와 뒤늦게
무엇을 더 보태려 하나
귀 기울여 듣지 않고
달리 보면 그만인 것을

내 모습을 다르게 생각해 보면 그만인 것이었다. 여러 의미를 더하고 보태고 의도를 생각해 볼 필요도 없었다. 아이가 뭐라고 하든 자신이 생각한 모습이 있다면, 흔들리지 않을 터였다. 남이 정의한 내 모습보다 나 자신만의 길을 그려가려고 한다. 설사 그들과 다른 길을 간다고 할지라도. 다른 그림을 그린다고 할지라도. 그 과정에서 뭇매를 맞는다 하더라도.

그래도 괜찮아.
우린 모두 자신에 있어서는 프로니까.

눈물과 상처뿐인 농구, 그럼에도

 약 3미터 가량의 높은 바구니에 공을 어떻게든 집어넣으면 되는 스포츠.

 그것이 바로 농구이다. 우리말로는 농구, 영어로는 '바스켓볼(Basketball)', 일본어로는 '바스케(バスケ)'라고 한다. 영어나 일본어로는 바구니라는 의미가 있지만, 우리말로 농구? 바구니라는 의미가 있을까. 찾아보니 농구의 '롱(籠)'자는 대바구니라는 뜻이 있다. 그렇다면 '우리말 농구라는 단어도 그 스포츠의 목적과 참 어울리는데!' 라고 스스로 감탄해 본다.

갑자기 왜 농구 이야기냐고?

내가 오랫동안 꾸준히 해 온 운동이 바로 농구이기 때문이다.

농구를 처음 해 본 그날의 풍경이 눈앞에 선하다. 체육 선생님의 '아나공'[1]에 '농구나 한번 해 볼까.' 하고 농구공을 집어본 나. 90년대 어디에나 있을 법한 중학교 운동장. 모래투성이 바닥에 투박한 간이 골대에서, 농구라는 스포츠의 정체성에 반하는 행위를 땀을 뻘뻘 흘리며 했던 그네들. 친구들이 공을 골대에 던지고, 나는 맞고 나온 공을 연속으로 잡아내었다. 그 단순한 동작에 믿기 어렵게도 난 벅차오르는 환희를 주체하기 힘들었다. 농구와 사랑에 빠진 순간이랄까.

---

[1] '아나공' "옛다 공." 이라는 말로 체육 선생님이 학생들에게 자율 체육을 하도록 하는 모습을 표현한 용어, 무려 공식 체육과 교육과정에도 이 용어가 정식으로 기재되어 있다.

난 운동 신경이 그리 좋지 않다. 아직 초등학교보다 '국민학교' 란 말이 익숙했던 시절, 운동회는 학생들에게 학교생활의 '백미(白眉)'였다. 그중 달리기는 가장 인기 있는 운동 중 하나였다. 매끈한 이마 위로 머리띠를 하고, 새하얀 운동복을 입고, 반드시 1등을 하고야 말겠다는 대단한 결심을 하고서도, 뒤에서 1, 2등을 친구들에게 기필코 양보하지 않았다. 단, 6학년에 올라가 딱 한 번 3등을 했는데, 쪼르르 엄마에게 달려가 미주알고주알 전했더니, 어쩜 하시는 말씀이.

"니 앞에 누가 넘어진 거 아니니?"

기쁨과 동시에 씁쓸함,

그리고 '어쩌면 그럴 수 있어.' 자조가 새삼스레 일었다.

농구와 궁합은 좋지 않았다. 아니 시련의 연속이요. 잘못된 만남이요. 험난한 길이 될 터였다. 마치 첫 면허를 딴지 얼마 안 되어, 조수석에 눈썹이 매섭고, 매부리

코인 아버지를 태우고 운전해야 하는 상황처럼 말이다. 농구는 몸싸움을 많이 해서 사람 사이의 거친 몸의 대화가 필요하다. 달리고 뛰는 능력이 중요하기 때문에 운동 능력이 좋아야 한다. 타인과의 몸싸움을 싫어하고, 느린데다 높게 뛸 수 없는 내게 말 그대로 '버거운' 운동이었다.

그래서인지 굴욕의 역사가 한 트럭이다. 농구 좀 한다고 쬬붓까리다[2]가 동네에서 의문의 고수에게 높았던 콧대가 한순간에 무너졌다. 대학 시절 학과 농구 대표였지만 자신감이 없어 벤치만 달궜다. 교생 실습 때 초등학교 농구부 학생들과 시합을 붙어 어른의 기개를 보여주지 못했다. 군대에서 소대 농구 대표로 나갔다가 농구공 구경만 하다 왔다.

---

[2] 내가 까불다 발을 어데 찧어 눈물을 글썽이면 엄마가 안타까워하면서도 시-원하게 쓰는 표현.
"쬬붓까리다가 자-알 됐다."
어원은 나도 모른다.

이 중 교생 실습 때 일이 가장 기억에 남는다. 졌다는 사실은 내게 그리 큰 문제가 아니었다. 시합 후 숨이 턱까지 차 앉아 있는데, 멋진 활약을 보여준 내 친구에게 상대편 학생이 수건을 목 위에 살포시 걸쳐 준 것이 아닌가. 그것은 마치 '금수건'이라도 되는 듯 빛나 보였다. 내게는 걸레 쪼가리 비슷한 거 한 장도 없었다.

앞의 농구 인생을 고려하면, 내게 이순신 장군님 같은 백의종군(白衣從軍) 기회는 주어지지 않으리. 하지만 가장 치욕스러운 경험은 대학교 동기 형에게 들은 이 한마디였다.

"내가 너처럼 농구했으면, 농구선수 됐겠다."
(대충 내가 너처럼 공부했으면 S대 갔겠다는 말.)

그 말을 들은 주변 동기들은 폭소를 터뜨렸다. 정문일침(頂門一針)의 순간이었다. '수치사' 라는게 있다면,

난 사회적으로 그때 이미 한 번 죽었다고 볼 수 밖에.

　농구는 내 인생과 떼려야 뗄 수 없는 껌딱지다. 대학교 야외 코트에서 농구공 튀기는 소리만 들어도 심장이 '쿵쾅쿵쾅, 벌렁벌렁.' 돌이켜보면, 그것이 매번 학교 앞 패밀리마트에서 마신 싸구려 커피의 영향인지 혹은 오랜 지병인 고혈압 때문인지 아직도 확실치 않다.

　무릎이 아파도 농구를 계속해서 친구에게 바보 아니냐는 뒷담활 들었다. 그래도 아랑곳하지 않고 농구 코트에 나갔다. 구도자(求道者)처럼 공을 골대에 집어넣는 행위를 반복했다. 그 순간에 세상 모든 잡념이 사라지고, 자아에 집착하지 않는 순간이 찾아왔다. 그때가 바로 젊은 시절 고뇌에서 잠시나마 해방될 수 있었던 소중한 '찰나(刹那)'였을 테지.

요새는 스포츠클럽 학생들과 함께 농구를 한다. 우습지만 농구한 날, 내 멋진 플레이 장면을 머릿속에서 몇 번이고 돌려보고 모지리처럼 헤실거린다. 자기 전에도 그 장면을 복습하며 꿀잠에 들기도 한다. 그들과 농구하는 것은 생각보다 재밌다. 질 때도 많다. 지면 꽤 분하다. 그네들은 짧으면 몇 주 안에도 실력이 부쩍부쩍 는다. 삼국지 오나라 장군 '여몽'의 고사처럼 괄목상대(刮目相對)하는 그들의 모습을 보면 여전히 신기하기만 하다.

'인생은 짧고, 스포츠는 영원하다.' 라는 모토는 듣도 보도 못했을 것이다. 내가 방금 창안해 내었으니. 앞의 '인생은 짧다'는 전제는 연세 지긋한 어르신들이라면 대부분 동의할지도. 그럼에도 좋아하는 운동이 있고, 때때로 즐길 수 있다면 그럭저럭 괜찮은 삶이지 아니한가! 비록 '바구니 롱(籠)자' 라는 생소한 한자를 쓰는 운동은 아니더라도 말이다.

잡혀갈 뻔한 중고 거래 썰

대한민국 삼대 불치병이 있다고들 한다. 빨리빨리병, 라떼병... 그리고 나 역시 어김없이 피해 갈 수 없었던 '홍대병'. 특히 소유한 물건에 대해 남들과 다른 선택을 함으로써 얻는 자부심과 인정 욕구. 이십 대 때에는 그 증세가 절정에 달했다.

온 세상이 스티브 잡스를 찬양하고 스마트폰을 너나 할 것 없이 사용하던 당시, 난 폴더폰을 고집했다. 주변 사람 대부분이 스마트폰으로 바꾸고 훨씬 후에야 스마트폰을 사용하기 시작했다. 웬걸? 이렇게 편리한 기기가 있다니! 이걸 나중에야 사용한 게 너무 억울했다.

그래도 '홍대병' 증상은 치유되지 않았나 보다. 해외 폰을 기웃거리다가 '구글 넥서스 6P'라는 스마트폰을 발견했다. '구글'에서 기획하고, '화웨이'에서 제조한 '구글폰'이다. 우리나라에 정식 발매는 됐지만 많은 사람들이 사용하지 않는 스마트폰이었다. 옳거니. 병증에 딱 맞는 폰이다.

지금이야 '당근 마켓'이 유명하다지만 예전에는 '중고 나라'가 대세였다. '중고 나라'를 통해 적당한 물건을 탐색했다. 나 역시 장고 끝에 그곳에서 적당한 매물을 발견했다. 두근거렸다. 연락이 닿아 거래할 약속을 했다.

전자제품은 지금도 그렇지만 가격대가 꽤 높아 신중해야 한다. 고정 수입이 없었던 시절인지라, 기대감과 흥분, 약간의 걱정이 앞섰다. 원하는 걸 얻기 위해서는 항상 떨림의 과정이 필요하다. 그 과정이 익숙하거나 익숙하지 않은 것은 차후의 문제이다. 지하철을 타고 가면서도 몇 번이나 고민했다.

'이게 정말로 원하는 물건인가.'

중고 거래의 법칙은 판매자가 원하는 장소에서 거래하는 것이다. 물론 중간 장소에서 만나는 경우도 더러 있지만 대부분은 판매자의 의사를 우선한다. '목마른 사람이 우물 판다.'라는 속담이 있듯, 대개 더 절박한 쪽은 구매자니까. 약속 장소에 도착해서 판매자를 찾았다.

판매자처럼 보이는 흰 모자를 쓴 남자와 만났다. 서로 간단하게 신원을 확인, 상대방은 물건을 보여주었다.

그는 내가 물건을 자세히 살펴 보려고 하는데, 그것을 품 안으로 거두며 이렇게 말하는 것이었다.

"저기요. 제가 밖에서 이렇게 중고 거래할 때, 길가에서 물건 보고 이런 거 안 좋아해요. 제 차에서 보시죠."
"네?"

정중함을 가장한 다소 고압적인 목소리.

'도보도 아니고 건물 앞에서 잠깐 물건 확인하는 건데 이게 무슨 소리지.'

당황스러웠다. 중고 거래를 많이 해본 편이 아니어서 이런 상황이 낯설었다. 그럼에도 '이 사람이 불편하게 여기면 어쩔 수 없지'란 생각이 들었다. 무엇보다 그 스마트폰이 필요했다. 난 남들과 다른 특이한 감성의 스마트폰 사용자니까.

"그래요 그럼."

 흔쾌히 그리고 여유 있게 승낙한 것 같지만 다소 긴장했다. 차에서 거래를 하자는 데 차 어디에서 한다는 말도 없었고, 솔직히 상대방의 의도를 이해하기 어려웠다. 근처에 있는 세단으로 인도하더니 판매자는 차 앞좌석에 탔다. 그리고 내게 운전석 옆 동승자석을 권했다.

"여기서 물건 보시죠."
"아뇨, 저는 뒷좌석에서 볼게요."

 불안했다. '스마트폰 하나 사려다가 어디 끌려가는 게 아닐까.' 다급히, 뒷좌석에 앉았다. 좌불안석. 그때의 심정이었다. 그리고 차 뒷문을 살짝 열어 놓았다.

"뒷문은 닫으시죠?"
"그냥 열어놔도 되잖아요."

이어지는 판매자의 건조한 목소리. 개미 기어가는 목소리로 반박한 나. 이것은 최후의 자존심이자 마지막 동아줄이었다. '문을 닫았다가 어디 끌고 가기라도 한다면?' 지나친 기우라고 생각할 수도 있지만 스마트폰 하나에 정신이 팔려 그날 밤 9시 뉴스에 대문짝만하게 나오는 것만큼은 절대로 피하고 싶었다.

물건을 건네받은 난 그것을 보는 둥 마는 둥. 대충 물건을 확인하고, 그에게 봉투에 넣은 돈을 바로 건넸다. 심장이 엄청 뛰고, 긴장한 모습이 상대에게 들키지 않기를 바랐다. 이런 마음을 아는지 모르는지 그는 돈을 태연히 헤아렸다. 거래가 끝나고 도망치듯 차를 나섰다.

"안녕히 계세요."

그래도 예절은 바르게.

집에 가는 지하철에서 내내 거래한 상황을 되짚었다. 이게 뭔 일이고. 처음 만난 판매자의 인상이 좋지 않았다거나, 차 안에서 거래하자거나, 차에서 물건을 거래할 때 옆자리에 앉으라거나, 차 문을 닫으라고 했다거나. 이것들은 모두 오해일지 모른다.

다만 무슨 은밀하고 대단한 거래이길래 상대의 차 안에서 물건을 봤을까. 차 뒷좌석 문 한쪽을 열고 거래를 했던 상황을 다시 생각해 보니 실소가 나왔다. 마약 거래도 아닐 텐데.

'그렇게도 갖고 싶었던 거구나.'

아쉽게도 그 물건을 실제 사용한 지 몇 달 안 돼서 길바닥에 떨어뜨렸다. 화면 일부가 검게 변하더니 다음날 전체가 까맣게 되었다. 매우 아쉬웠다. 몇 번이나 수리점을 알아봤지만, 배보다 배꼽이 더 컸다. 수리할 바에

차라리 새 스마트폰을 사는 편이 나을 정도이니.

그다음에도 중고 거래를 많이 했다. 그렇지만 이와 같은 일은 다시는 없었다. 가끔 그때의 생각이 나면, 저절로 미소 짓게 된다. 잡혀가지 않아서 다행이었을까. 아니면 생사람 잡아놓고 혼자 난리 친 걸까.

한없이
가벼운

차마 미워할 수 없는 이소룡

전국시대 초장왕(楚莊王)의 고사가 있다. 불비불명(不飛不鳴), 3년간 날지도 울지도 않는 새 이야기. 나 역시 여러 해 세상을 향해 웅비(雄飛)하지 못했으니 무언갈 시작한다면 세상에 이름을 떨칠 만도 하건만.

퇴근 후 두 남자의 대화방

나: 행복하다 집이다
이소룡: 샤워하고 나옴

나: ㅋㅋㅋ 빠르네

이소룡: 신속의 이소룡

나: 가라[3]의 이소룡

이소룡: 게임 할 때만

　　　25년의 나는 다르다

나: 병 조퇴의 이소룡 다르지 않다

이소룡: 건강한 거지

　　　11년 만에 쓰는 병 조퇴다

나: 입만 산 이소룡

　즐겨라 와우[4](Wow)

---

[3] 가짜의 속어. 군대에서 많이 씀.
[4] 와우 (Wow=World of warcarft 줄임말)
　월드 오브 워크래프트, MMORPG 게임.

이소룡: 울 엄니가 물에 들어가면 주둥아리만 동동 뜰 거라 그러셨지

나: 하지만 그러기엔 몸이 너무 거대한걸...

이소룡: 지방질은 밀도가 낮아서 잘 뜬다

나: 잘 떠서 좋겠다

소룡이는 이후 대답이 없다.

호연지기(浩然之氣)가 넘치는 두 남자의 대화방. 이 친구는 조퇴 사유를 병원이라고 썼다가, 교감 선생님께 무려 "선생님. 병원 갈 사유가 있으면, 병조퇴로 쓰세요."란 말을 들었다고 한다. 사정을 들어보니 이 친구는 아프더라도 병조퇴가 아닌 굳이 조퇴를 썼다고 한다. 무려 교직 11년간. 바보인가. 용자(勇者)인가. 그렇지만 이 친구는 스스로에게 일말의 부끄럼이 없다. 어째서 부끄러움은 항상 그 주변인(周邊人) 몫인가.

다음 날 있을 농구 시합에 이소룡을 끌어들이는 상황

나: 내일 오면

밥 이용권이다.

잘 생각하도록

카풀도 된다

이소룡: 별로.. 흠 매력적이지 않군. 좀 더 좋은 제안

을 생각해 보도록.

그 정도로는 내 비싼 몸을 움직일 수 없다

나: 고기 사 줄게 ㅋㅋㅋ 단뺘쿠지루[5]

고깃집 뚫자

봐둔 데 있음

뭘 원하나 다이어터(소룡인 다이어트 중)

---

[5] 단백질의 일본식 가라 발음.

이소룡: 그럼 점심을 먹고 가야 하나?

나: 고기 먹으면 못 뜀 저녁에 먹으면 되지 않아?

　　점심 먹고 싶다는 거?

이소룡: 그럼 점심에 가볍게 먹어야겠네

나: ㅋㅋㅋ 오케 당첨 농구 노예 추가 됐다

　　내가 데리러 가마 육중한 몸을 씻고 기다려라

순간 정적이 흘렀다.

이소룡: ...왜 씻냐

아무 생각 없이 쓰긴 했지만, 뜬금없이 '육중한 몸을 씻고 기다려라.'라니. 희대(稀代)의 벌소리가 아닐 수 없다. 어지간한 일에 당황하지 않는 그도 순간 당황한 것 같았다. 사소한 오해는 관계의 진전을 막고, 큰 참사를 부르기도 하는 법.

  나: ㅋㅋㅋ 관용적 표현이다
    목욕재개
    신성한 시합을 하기ㅜ전의

급하게 쓰는 바람에 생긴 오타는 차치(且置)해 두자. 두 남정네 사이 이상한(?) 흐름이 생길 것을 그럭저럭 잘 마무리 지었다는 생각이 살짝 든다. 갓 불혹(不惑)에 들어선 두 남자의 티키타카. 위 둘은 아무개 왕은커녕, 사람 구실 하기에도 폴새 글렀다.

  어느 날,
  "오다 주웠다."
  하며 편의점 원플러스원 음료 중 하나를 건네는 그.

  어떤 날,

"오다 주웠다."
하며 마찬가지로 원플원 음료 중 하나를 건네는 내게.

"왜 쓰레기를 주워 오냐."
라며 구시렁대는 형편없는 자식.

찾아보면 그도 나름의 좋은 점이 있다. 아이들에게 친절하고, 주변 환경에 그리 영향을 받지 않는다. 자신의 소박한 행복에 집중한다. 귀차니즘이 극에 달해 자신을 무리하게 몰아세우지 않는다. 다행 중 불행일지, 불행 중 다행일지 개그 코드가 나와 맞다.

전쟁 통에도 자신의 행복을 찾아갈,
겉으로 보이는 거보다 사람에 대한 호불호가 분명한,
타인과의 경계를 확실하게 그을 수 있는,
직장에서 있는 듯 없는 듯 잘 지내는,
오늘 하루의 일을 걱정하지 않는,

누군가가 곁에 필요하다면,

아무렴 그를 구해주길.

아마 그를 구하더라도 감사해하지는 않을 겁니다. 이렇게 말할 거예요. 분명.

"ㅇㅇ[6]"

---
[6] 알겠다는 말. OK.

멈추려네 집착하지 않는 삶에 집착하는 것 따위

에어컨이 고장났다.

인지한 때는 선풍기로 도저히 버틸 수 없어 리모컨 버튼을 눌렀을 때.

오 분간은 '위잉'. 본격적으로 힘을 내보려는 것 같은데, 이후에는 따뜻한 바람만 '위잉'.

사실 이 녀석은 병력(病歷)이 있다.

작년에 고장이 나서 수리했다. 집주인에게 이야기했

는데, 한 달 정도 걸린다고 했다.

'여기 당진인데, 시골도 아니고 인구 20만을 바라보는 도시에서 이게 말이 돼?'

기다리고 기다리다 뙤약볕에 말린 시래기 모양이 될 무렵, 기사님은 기별도 없이 선물처럼 찾아왔다.

"어떻게 된 거예요?"

"냉매가 부족해서 그래요."

문외한이지만 이유는 알고 싶었다. '지가 고칠 것도 아니면서, 쓸데없이 관심도 많네.'라고 누군가는 그렇게 생각할 수도 있다. 세상엔 그냥 궁금한 것도 있지 않은가. 단순히 에어컨이 작동하지 않는 이유가 궁금했다.

살아났던 그 녀석이
이제 또 골골대고 있다.
언젠가 스쳐 지나가며 들었던 에어컨 수리 사기에 대한 말이 생각난다.

'여러분들 에어컨 수리하실 때, 냉매는 있다가도 없는 것, 없다가도 있는 것입니다.'

즉, 에어컨 작동에 냉매가 큰 영향을 미치지 않으며, 냉매를 핑계로 에어컨을 수리하는 것은 사기라는 거다. 그러면 작년 늦여름에 수리한 에어컨에서 나온 찬바람은 도대체 뭐였는데. 지금은 또 왜 안 되는데. 혼란스럽다. '모르는 게 약이다.'란 말이 이해될 지경.

그리해 수리를 포기했다.

기다리면 한 달. 깔끔하게 포기하고 선풍기로 여름을 나기로 했다. 난 아날로그형 인간이니, 어쩔 수 없다고 이유를 덕지덕지 붙여 나갔다. 더구나 선풍기로 여름나기? 이 더위에 여름을 에어컨 없이 난다고? 요즘 세상에 보기 힘들다는 상(上)남자의 귀중한 표본 아닌가. 비록 '존재 불명'이지만 '전국 상남자 협회(全上協)'에서 인정도 받을 수 있을 터였다.

'단지 집주인에게 같은 이유로 수리를 요청하는 것이 귀찮아서가 아닌가.'

누군가 갈(喝)하는 마음의 소리가 들려오지만, 괜찮다. 어쩔 땐 '귀찮음'이 모든 '바르고 이성적인 판단'을 이길 때도 있다. 이건 그냥 내가 '게으름뱅이'라는 소리다.

'덥다…'

여름에 들어가고 한 달은 버틸만했다. 아니. 그렇게 여겼다. 선풍기는 외출할 때 이외에는 계속 켜 두어야 했다. 낮에는 너무 더워서 밥 먹고 잤다. 저녁에도 더워서 밥 먹고 잤다. 한밤중에도 더워서 또 잤다. 하루 종일 잤다. 소가 됐다. 적도 부근의 나라들이 경제 발전이 힘들다는 소리를 헛소리로 치부했다. 이해가 되었다.

더위가 한풀 꺾이고 귀뚜라미 소리가 들려올 즈음, 그제야 시원해졌다. 어느새 난 개구리 올챙이 적 생각 못 하듯 '의기양양(意氣揚揚)'해 졌다.

'참을만하구먼. 뭘 덥다고 에어컨을 틀고, 호들갑을 떠는지...'

현대인들이 지나치게 문명의 이기(利器)에 의존하는 현상에 대해 고찰해 보았다. 그렇다. 애 아직 덜 당한 게 틀림없다.

비가 한차례 오더니, 더 시원해져야 하는데, 날씨가 회귀(回歸)했다. 연어도 아니고. 찜통더위가 다시 제자리를 찾았다. 슬며시 간사한 생각이 똬리를 틀었다.

'수리했으면 시원하게 생활할 수 있을 텐데.'

상남자건, 문명의 이기에 의존하는 현대인의 성향이건. 이런 생각은 이미 머릿속에 지워진 지 오래다. 에어컨을 고치지 않아서 발생한 불편함과 귀찮음을 감수하고서라도 고쳐서 쾌적하게 생활하는 편안함을 저울질했다. 이런 생각을 한다는 자체가 이미 저울이 기울었다는 거겠지.

세면대 밑의 배수관이 삭아서 떨어져 나갔다. 어떻게 되느냐면. 사용한 물이 바로 내 발밑으로 흐른다. 얼굴을 씻으면 비눗물이, 머리를 감으면 샴푸 물이, 양치를 하면 양칫물이 발밑으로 시내를 이루며 아름답게 흘러간다. 우웩. 더러워.

떨어져 나간 배수관만 고이(?) 보관하고, 나름 평화로운 일상생활을 이어 나갔다. 어느 날 친한 동생이 놀러 왔는데, 씻다가.
"아이고 이게 뭐야!"
자신이 쓴 물이 발밑으로 흘러오니, 놀란 게 틀림없다. 미안하고 부끄러운 상황임에도 그 상황 자체가 웃겨서 폭소가 나왔다. 그 친구가 나를 어떻게 생각할지는 독자 상상의 영역에 맡긴다.(인간적인 교류가 이어지고 있다. 감사하게도.)

'언젠가 배수관 이어달라고 해야지.'

생각하던 와중에 그 배수관이 사라졌다. 아마 범인은 가끔 내 집에 오는 어머니인 듯했다. 아마.

'이 더러운 게 무엇이고?'

하며 치웠을 것으로 추측한다.

평소 숨 쉬듯이 어머니 탓을 하는 나도 도저히 당신 덕분에 배수관 수리를 못 하고 있다고 장난 섞인 푸념을 할 용기까지는 없다. 그 정도의 '염치'는 가지고 있다고 생각한다.(사실 그 말을 꺼냈다가 생길 후환이 더 두려웠다.)

사용한 물이 갈 곳을 잃은 샤워실 바닥은 홍수를 이루었다. 인간의 힘으로 매일 자연재해를 일으키다니 놀라울 따름이다. '도저히 이렇게는 살 수 없다.'라는 누군가에게는 지극히 평범할, 내게만 심오한 '깨달음'이 갑자기 찾아온 어느 날, 집 주인에게 수리를 요청했다. 불편함을 오래 참으면서도 주인댁을 귀찮게 하지 않았다고 이야기하자, '진즉에 이야기하지...' 라는 말에, 도통

대꾸할 말을 찾지 못했다.

  사람은 원래 자신의 모습을 잘 보지 못한다고 한다. 앞서 등장한 '소룡'은 남의 일을 참 잘 도와준다. 자기 일은 아직 제대로 마무리 짓지 못했으면서도. 그런 그에게 이렇게 말했다.
  '남의 집 불 끄고 있을 거야? 네 집이 불타고 있는데.'
  나 역시 다른 사람을 돕다가, 정작 내 일을 놓치는 경우가 있었다. 이것이야말로 진정한 거울 치료.

  '사소한 일에 집착하지 않는다.'라고 말하면서, 사소하다고 말하는 것은 정작 자신의 삶에 중요한 것들이었다. 또한 '집착하지 않아야 한다.'라며, 집착하지 않는 삶에 집착해 버렸다. 우선해야 하는 것과 그렇지 않아도 되는 것을 잘 구분하지 못했다. 결국 난 중심이 서지 못한 인간이 되어 버렸다.

집착하고 싶다.

쾌적하게 살 수 있게 유지해 주는 것들과

좋아하는 것들에 대해서만.

그건 이기적인 게 아니야.

(광고 아님)
NewBal 574, 그리고 雪中山 슬라이드

겨울 산을 좋아한다.

그중 눈 덮인 산을 좋아한다. 눈산에는 사람이 적다. 홀로 고적히 눈산을 걷는 걸 좋아한다. 보통 눈 내리는 날에는 산행을 피할 수도 있겠지만. 글쎄. 난 종종 눈이 내리는 날에도 기어이 집을 나서 근처 산에 오른다.

그날도 유난히 눈이 많이 내린 날이었다. 오후 네 시경 눈이 어느 정도 그쳤다 싶어서, 산으로 향했다. 등산

화도 아닌 뉴발란스 574. 베이지색을 신고.

  산은 산 이외의 아무것도 아니고, 눈 온 산은 그 산에 눈만 덮여 있을 뿐이다. 평소 지론이다.

  이렇게 가벼운 마음으로 산행에 나섰는데. 아뿔싸. 산의 초입은 경사가 낮음에도 불구하고, 신발이 자꾸 밀리는 것이었다. 마치 눈길을 가는 자동차의 바퀴처럼 자꾸 내 발은 눈길에 미끄러지기만을 반복했다. 어쩔 수 없이 산길의 가장자리 부분을 걸었다. 그 부분은 흙과 아직 내린 눈이 습기를 머금어 내 발이 미끄러지지 않도록 완충 작용을 해 주었기 때문이다.

  분명 상식적인 사람이라면, 산행을 멈추고 뒤도 돌아보지 않고 집으로 돌아갔을 것이다. 그렇지만 이놈의 '똘끼'(난 개인적으로 '광끼'라고 칭한다).
  '못 갈게 또 뭐람. 나온 김에 한번 가보자.'

눈 오는 산을 오르고 또 올랐다.

경사는 점점 더 높아지고, 눈과 흙이 섞인 경사로를 마주했다. 진흙과 눈이 적당히 섞여 아스팔트보다 오히려 미끄러지는 정도가 덜했다. 반대로 단점은 신발이 점점 젖는다는 것이다. 그래도 진득이 걷는 거다. 터덜터덜 걷다 보면 언젠가 정상에 도착할 테니.

산 중턱을 지나고 정상으로 향하는 마지막 관문인 '번뇌의 백팔 계단'. 대학교 다닐 때 높은 곳에 있는 건물 계단이 갑자기 떠올랐다. 계단의 숫자가 백팔 개가 되는지 아닌지는 중요하지 않다. 그만큼 오르기 힘들고, 오르는 도중 많은 생각을 하게 하는 계단이라는 뜻일 터.

'위험하다.'
여태껏 제구실 못 하던 본능적인 '자기 보호' 센서가 발동했다. 식은땀이 흐르고 계단을 내딛는 발걸음마다 신생아를 처음 손으로 받아 보는 산모처럼 조심스러워 했다. 눈 덮인 계단에서 넘어진다면 대형 사고가 발생할 것임이 둔감한 내 머리에서도 상상이 되었다. 생존의 문제이니 내딛는 한 걸음마다 더욱 정성을 다했다.

 정상에 올랐다.
 몇 번이고 올랐던 곳이라 별다른 감흥은 없었다. 눈 덮인 내가 사는 고장의 모습도, 차가 별로 다니지 않은 도로의 모습도, 온통 새하얀 눈밭의 모습도 내 마음에 어떠한 미동도 남기지 못했다. 다만 이 모습을, 이 시간, 이곳에서 나 혼자 소유한다는 즐겁고 경쾌한 마음이 나를 채웠다.

 하산이 두 배는 어렵다.
 이래서 사람이 높이 오르고 귀함을 받다가, 빠르게 추락하는 것을 견디기 어려워하나 보다. 물론 관련이 없는 뻘소리다. 순수하게 내려가는 길이 어렵다. 정상으로 오르는 길이 계단이었으니, 내려가는 내가 먼저 마주한 것도 계단이지 않았을까. 오르는 계단만큼 조심히, 아니 오히려 더 신중하게 계단 위에 발자국을 남겼다.

 어떻게 내려갔는지도 모른다. 결국 처음에 산을 올랐던 아스팔트 '그 길'이 나타났다. 꼬불꼬불하고 눈길보다는 빙판에 가까운 그런 길. 내리막길 주제에 중간중간 오르막길이 포함된 그런 '형편없는' 길. 눈산의 초입 경사로를 걷는 것처럼 가장자리로 걸음을 내디뎠다. 미끄러웠지만 걸을 만했다. '여기서 넘어지면 최소 전치 삼 주.'라는 생각이 들었다.

 그럼에도 난 슬슬 길 한가운데로 향하기 시작했다. 오래된 뉴발란스 574는 이미 신 밑창의 돌기가 거의 없다. 말 그대로 작은 스키에 가까웠다. 나는 뒤에서 누군가가 떠밀리듯 미끄러져 산길을 내려오기 시작했다. 미끄러져 타고 오는 길로 몇몇 산을 오르는 등산객이 보인다. 물론 등산객은 야무진 등산화, 손에 '꼬챙이'도 잘 갖추었다. '산길을 정처 없이 미끄러져 내려오는 나를 제정신으로 볼까.'라는 걱정이 사알짝 들었다.

'아 사람들이 이래서 스키랑 보드를 타는구나.'
오르막길에는 천천히 가장자리 길로 올랐다가 내리막길에서는 눈길을 신나게 미끄러져 내려왔다. 눈과 바람이 귀를 스치었다. 설경은 아름다웠고, 흰 호흡이 증기처럼 내뿜어져 나왔다. 몸은 따뜻하고, 언제까지나 미끄러져 내려올 수 있을 것 같았다. 오르는 길은 걱정과 느림의 연속이었다면, 내려오는 길은 통쾌와 빠름의 쾌감이 있었다.

"와우!"
나잇값 못하고 나온 외마디. 근 몇 년간 가장 재미있는 순간이었다. 그러함에도 뉴발란스 574는 봉인. 앞으로 당분간 이걸 신고 등산하는 일은 없겠지.

조금 위험할수록 재미있다.

뭔가 이상할수록 더 재미있다.

의미 없을수록 더더 재미있다.

오늘은 맨발에 샌들만 신고 등산한다.

장비를 잘 갖춘 사람을 비웃는 것이 아니다.

'내가 이렇다.'라고 뽐내는 게 아니다.

      단지 이게 더 재미있으니까.

기묘(奇妙)한 산행,
우연히 모인 친구들, 어떤 깨달음

쏟아진단다.

오늘 오후 늦게부터 비가 억수로. 큰일 났다. 운동을 해야 하는데. 비가 오면 어쩔 수 없이 운동을 쉬어야 한다. 늘어질 대로 늘어진 몸을 이끌고 샤워를 한다. 선크림도 꼼꼼히 발랐지만 허옇게 뜨는 건 어쩔 수 없다. 내 이래서 선크림 바르는 걸 싫어한다.

얼씨구.

아미산을 향해 운전하는 차의 앞 유리에 물방울이 한 두 방울 맺힌다. 예보에서 분명히 오후 여섯 시부터 비가 내릴 거라 했는데. 그래서 부랴부랴 오후 한 시경에 산으로 향했는데.
'그래도 본격적으로 비가 내리진 않겠지.'

별로다.
습도가 높아서 그런지, 어제의 운동이 과했는지, 아니면 나이가 들어서 몸이 쑤신지 몰라도 컨디션이 영. 등산 경로도 가장 빨리 올라가서 내려오는 최단 경로로 정했다. 분명히. 그런데, 등산로 초입에 가니 마음이 바뀌었다.
'올라갈 때는 천천히 올라가는 길로, 내려갈 때는 가장 빨리 내려갈 수 있는 길로 가자.'
변덕이 죽 끓는 듯하다. 어쩔 수 없다. 이제는 천성이라고 생각하니.

떨어지다.

다행히 빗방울이 굵어지지는 않았다. 간간이 떨어지는 수준. 멍하니 산을 올랐다. 컨디션도 좋지 않은데 익숙한 길이라, 무념무상. 이러는 게 좋다는 걸 몸과 마음 너무나도 잘 알고 있다. 그랬는데,

"어이쿠."

뭐가 '팍'하고 소리가 들려서, 고개를 재빨리 옆으로 돌렸다. 길쭉한 게 동그란 걸 순간적으로 깨무는 것이었다. 순간 난 축지법을 쓴 것처럼 앞으로 튀어 나갔다. 뱀이 노란 개구리를 공격했고, 개구리는 밑에 입인지 배인지를 둥그렇게 부풀렸다. 나른했던 온몸의 신경이 쭈뼛쭈뼛. 평화롭고 안전한 산행은 이제 끝.

후회하다.

'긴 바지 입고 올걸. 지금 뱀에 물리면 스마트폰으로 어떻게 연락하지.'

'지역번호 누르고 119인가. 그냥 119를 눌러야 하나?'

119에 연락하는 것부터, 내 위치를 어떻게 설명해야 할지 망상이 이어졌다. 나도 안다. 기우라는 걸. 그래도 아까 그 광경이 눈에 선해서 그제야 주위를 살피며 산길을 오르기 시작했다.

신기하다.

평소라면 신경도 쓰지 않던 모습이 눈에 들어왔다. 자기들도 습한 건 아는지 지네들이 밖에 나와 있었다. '나뭇가지가 걷나?' 하고 봤더니 나뭇가지 모양의 벌레도 경쾌한 스텝 중. 지나가다 누군가 나무 옆에 기대어 놓은 대비도 보았다.

'저걸 산에서 누가 쓸까.'

별일이다.

평소면 아무 생각 없이 등산하는 것이 일상일 터. 오

늘따라 별것이 다 눈에 들어온다.

'그래 처음부터 너무 충격적인 걸 봐서 그럴 거야.'

반갑다.

정상 아래 마지막 쉼터에 사람이 보였다. 아까 뱀보고 나서 사람이 아무도 없어서 무서웠을까. 산행 중 이렇게 사람이 반가웠을 때는 없었다.

방해하다.

검정 나비가. 발걸음을. 계단 위에 살포시 앉아 있었다. 자태는 아름답지만 가까이 보니 왠지 무섭다. 피해 걸음을 옮기며,

'그래. 멀리서는 아름답지만 가까이하기엔 그래. 이 정도 거리가 좋을 듯하다.'

씩씩하다.

한 여자 등산객이 좁은 계단을 내려오며 인사를 건낸다.

"안녕하세요!"

그 기세에 무심코 똑같이 답하고 만다. 여기서는 이런 산행 중 인사가 흔하지 않다. 점점 모를 듯한 기분이 든다. 오늘따라 이상한 일이 너무 많다. 아니. 충분히 있을 수는 있는 일인데 오늘 하루 안에 이런다고? 이럴 거야?

도착하다.

정상. 요상한 산행이었다. '더는 아무 일도 없기를...' 하는 마음이 간절했다. '보통의 산행'이 그리웠다. 그럼에도 오늘이 '날'인가 보다. 산 정상의 정자에는 나보다 먼저 온 손님이 있었다. 작고 조심성 많아 보이는 '자묘[7](子猫)'.

신기하다.

산 정상의 어린 생명체가. 얘 혼자였다.

---

[7] '새끼 고양이' 한자어

'이걸 찍지 않으면 너무 아쉽지.'

홀린 듯 사진을 찍으려는 찰나, 고 녀석은 이리저리 도망치기 시작했다. 뭘 안다고 사진 모델 되는 것이 영 수줍은 듯했다. 그 모습이 더 귀여웠다. 어떻게든 모습을 담고 싶어 이리저리 움직여 사진을 찍었다. 물론 이 녀석도 요리조리 나를 피해 기둥 뒤로 몸을 숨겼다.

고민하다.
'요 작은 개성의 평화와 안식을 방해한 것이 아닐까.'
생각이 들 즈음, 이 녀석은 결국 포토 세례를 견디지 못하고 도주했다. 아쉬움 반, 그 녀석에게 '못할 짓 했다'는 소금 한 티끌만큼 죄책감이 들었다. 이어지는 쓸. 쓸. 함.

이상하다.
평소라면 별로 쉬지도 않고 바로 내려간다. 웬일인지 정자에 오래 앉아 땀을 식혔다. '오늘이라면 조금 더 있어도 괜찮겠지.'라는 막연한 긍정. 아침 겸 점심에 뭘 먹었는지 확인한다. 그러곤.

'어. 딱히 이상한 걸 먹지는 않았는데.'

시원하다.
습했지만 바람이 불어와서 괜찮았다. 이곳에서 오래 좀 더 '멍'하고 싶었다. 문득 대만을 여행했던 일이 떠올랐다. '지우펀'. 그곳에 사람이 워낙 많았고, 습한 날씨라 다시 생각하면 몸서리쳐진다. 결국 근처의 커피숍에 피난하여 거리 풍경을 멍하게 지켜봤다. 이때가 대만 여행 중 가장 좋았다.

'아. 난 비 오는 습한 날씨에 바람이 솔솔 부는 곳에서 풍경을 멍하니 바라보는 것을 좋아하는구나.'

즐겁다.
나도 알지 못했던 내가 좋아하는 순간. '그런데 조건

이 왜 이렇게도 많은 것일까.'라는 생각과 '지금이라도 찾았으니 다행이지.'라는 생각에 마음이 조금 복잡해졌다. 그럼에도 풀벌레 소리와 아늑한 바람에 마음속 깊이 고양감이 차올랐다.

복귀하다.
아까의 새끼 괭이가 기둥 옆에 앉는다. 의외로 자기 앞에 있는 지네를 해코지하지 않고 의젓하게 물끄러미 쳐다본다. 옆자리에 나비가 날아온다. 그 검정 나비. 검정 정장으로 한껏 멋을 낸 성숙한 궁장 미녀.

지네. 고양이. 나비.(蚣猫蝶)
참기 힘든 조합이다.

성공하다.
셋을 한 화면에 담았다. 약간의 뿌듯함을 느끼며 하산길을 고민했다. 선택의 여지가 없었다. 무조건 빠른 길로 내려간다. 겨우 세 시지만 이미 주위는 어두웠고, 비도 더 내릴 것 같고, 무엇보다 피로했다. 평소보다 많은 일이 벌어졌기에.

내려오다.
나도. 비도. 그거 얼마나 내렸다고 산에서 물이 졸졸. 문득 내가 잘못했던 일, 남에게 상처 주었던 일이 떠올랐다. 또 왔니. 이제는 익숙한 손님.
'남의 잘못은 잘만 용서하더니만, 내 잘못을 왜 그리도 용서하지 못할까. 왜 이리 나에게 불친절할까.' 자책하다가, 아서라. 나 자신만 세상 가장 순결한 사람인 듯 포장한 듯하여 절로 쓴웃음이 나왔다.

응시하다.
내려가는 계단에 흙과 낙엽이 쌓여 있다. 문득 아까 본 '대비'의 쓰임새가 떠올랐다. 누군가는 등산로에 쌓일 눈이나 낙엽, 흙을 치우고 있었을 게다. 물건의 쓰임새는 쉬이 가늠할 수 없다. 하물며 사람이라고 다를쏜가. 쓰임새가 없다고 미리 어설프게 재단한 나를 반성해 본다. 쓰임새가 없으면 또 어떠한가. 세상에 그저 존재하는 것만으로도 소중한 것이 있다. 누군가에게 그 쓰임새를 굳이 인정받지 않더라도.

놓지, 잊지
못하는

엄마 얼굴에 핀 '기미꽃' 대신 '웃음꽃'

언제부터였을까.

엄마의 얼굴에 연한 황토 꽃이 피었다. 간만에 엄마를 볼 때마다 그 크기는 커져만 갔고, 그 숫자는 늘어나 있었다.

"엄마. 얼굴에 그거 많이 생겼네."

"엉. 많이 생겼지."

조금은 부끄러운 듯 웃는 것 같았다. 과장을 보태서 얼굴의 절반이 그것이었다.

엄마가 젊었을 때, 정확히 말해서 내가 엄마 손을 애타게 찾는 나이일 때, 엄마의 뺨과 턱 사이에는 조그만 혹이 있었다. 엄마에게는 조그맣다고 할 수 있었던 혹이었지만, 어린 내게는 크고 보기 싫은 것이었다. 그래서 가끔 그것을 가지고 엄마를 놀렸다.

언젠가 엄마의 혹은 사라졌다. 너무 갑작스레 사라져서 언제 어떻게 그 혹이 사라졌는지 자세히 기억하지 못한다. 평범한 여대생이 방학에 갑작스레 성형 수술을 하듯, 일종의 해프닝이었다.

어느 날 잘 먹던 탈모약을 절약 선언한 아버지처럼 엄마도 세월의 흐름을 받아들이고, 얼굴에 퍼져가는 기미를 그대로 두는 것 같았다. 나도 예전처럼 그것을 엄마의 추함으로 생각하는 것이 아닌, 자연스레 받아들이고 있었다. 엄마의 얼굴은 그다지 늙지 않아서, 내가 알고 있는 '엄마의 얼굴에 얼룩이 좀 졌구나.' 하는 정도인 것이다.

아버지는 세월에 흐름을 인정하고 자연스레 머리숱을 잃는 것을 택하였다. 머리숱이 휑하고 멍하게 있는 모습을 보면, 마치 큰 전쟁에서 패하고 이제 검을 차지 않는 연로한 장군의 모습과 같다.

"아버지도 탈모약 먹는 게 어떠세요?"
"내가 누구에게 잘 보일 일 있냐?"
아버지는 평소와같이 무심한 말투로 툭 던진다. 이에 엄마는 "저렇게 멋대가리가 없어서야." 라며 빈정대었다. 맞다. '멋대가리는 없지만, 머리에 멋만 없는게 아닐텐데...' 라는 쓰잘데기 없는 생각을 해 본다. 엄마의 말은 대부분 맞아서 더욱 아프다.

삼국지에서 '황충'은 노장이라서 전쟁에 나갈 것을 만류하는 유비의 제안에 과거 육백근의 고기를 소화하고 전쟁에 나선 한 노장의 고사를 들며 반론한다. '엄마를 그에 비유하는 것이 맞나.'라는 생각이 잠깐 들지만, 엄마는 나이에 상관없이 시련이 있으면 나아가고, 깨부수는 여장부다. 그럼에도 기미에 초연한 엄마를 보고 '엄마도 나이를 먹었구나.'라고 생각하던 터였는데, 얼굴이 조금…

"이번에 병원 가서 싹 지졌어."
"아프지 않아?"
 맙소사, 얼굴에 피었던 꽃이 다 졌다. 이제 생각해 보니, 검버섯을 죽음의 꽃이라 한다지. 난 엄마 얼굴에 폈던 것은 검버섯이 아니라고 생각했는데, 그 이유가 그게 까맣지 않고 연한 황토색이어서다. 아무튼 엄마의 얼굴에서 사라진 그것의 정체가 기미였는지, 검버섯이었는지 중요하진 않다. 당신의 얼굴에는 고통의 자국만 희미하게 남아있었다.

그렇다. 난 착각하고 있었다. 엄마는 포기하지 않았다. 여전히 놓지 않던 것이다. 요새도 엄만 타지에 사는 내가 집에 가려고 하면 붙잡아 반찬을 한 보따리 싸주면서,

"집에 가서 먹어."

"엄마. 나 이것 다 못 먹고 버려. 저번 것도 반은 그냥 버렸어."

퉁명스레 대답했다. 아버진

"못 갖고 간다잖아."

"저 영감탱이가. 그냥 가지고 가."

아버지에게 눈을 흘긴다. 반찬이랑 과일이 너무 많아 못 가져가겠다는 내게

엄마가 말했다.

"그럼 내가 들어줄게."

모자(母子)는 반찬 보자기를 각각 어깨에 이고 지하 주차장으로 내려간다. 아. 오늘도 난 엄마와 입씨름에

서 졌다. 차의 시동이 걸리고 출발할 때까지도 엄마는 사이드미러 안에 있다. 과거 비 오는 날이면 항상 내 교실 근처를 서성이는 모습처럼 한결같이.

나는 나이를 먹어감에 따라 하나씩 놓아가는데, 엄마는 무엇하나 놓지 않았다. 난 진즉에 그 손을 놓았는데, 그녀는 재차 손을 보채고, 나는 마지못해 잡는 시늉을 한다.

"흉이 많이 졌지?"
기미가 사라진 어머니의 얼굴에 '기미꽃'이 진 대신 '웃음꽃'이 핀다. 그것도 아주 살짝.

아버지마저 형제를 속일지라도

'아버지는 말하셨지. 인생을 즐겨라~'

어릴 적 광고에서 들어본 가사이다.

인생을 즐기라는 다소 긍정적인 위 내용과 달리 울 아버지는 허연 머리꼭지가 보일 정도로 어린 두 아들 녀석을 앞혀 놓고 이런 이야기를 자주 하셨다.

"너희는 아빠가 죽으면 재산 한 푼 받을 생각 마라. 그 돈 사회에 다 환원(還元)해 버릴 테니까."

정말이다. 환원이라는 표현을 진짜로 썼다.

작고 귓볼이 포-동한 두 아들은 이게 뭔 소리인가 눈을 '말똥말똥' 뜨고 서로를 스-윽 보는데. 어김없이 이어지는 레파토리.

"저 영감은 오늘도 헛소리하네. 자식들 아니면 누굴 준단 말이오. 밥주걱으로 콱!"

엄만 자식의 그릇에 밥을 푸다 말고 밥풀 묻은 주걱으로 아버질 향해 시위한다.

또 다른 세계선.

"아-이고, 당신이 물려줄 대-단한 재산이라도 있소! 그런 거라도 있으면 말하지. 저놈의 방정맞은 쪼뼛한[8] 입을 주걱으로 콱!."

---

[8] 엄마어로 '작고, 얇고, 박복한.'

주걱이 토르의 망치라도 되는 것인가. 뺑덕어멈이 따로 없다. 아무튼 밥상머리에 아름다운 말이 오가고, 애정의 몸짓도 있으니 어쩜 바람직한 가족일지도.

 유년 시절 내내 아버지는 저런 말씀을 형제에게 어디 고장 난 오르골처럼 반복하셨다. 난 '그럼 재산은 나 말고 누구한테 가는 거지?' 하고 골똘히 생각했고, 어리석은 동생은 자꾸 안으로 들어가는 코딱지를 기어이 파내려 들는 둥 마는 둥.

 앞서 시엠송처럼 인생을 즐길 만큼 우리 집은 유복하지 않았기 때문에, 아버지가 그 말씀을 하는 것이 굉장히 이상했다. 맞지 않은가? 남길 게 있어야 사회에 기부를 하던가 하지. 제 집 사정은 자기가 제일 잘 안다고, 우리 집 형편이야 뻔할 뻔 자였다. 또래 친구들에 비해 내 용돈은 초라했고, 그 씀씀이는 겸손했다.

고등학교에 들어가고 나서야 귀에 딱지가 질만큼 들은 저 말도 더 이상 들을 수 없게 되었는데, 그 이유는 다소 단순했다. 아버지와의 대화가 거의 없어졌기 때문이었다. 아버지에게 고민해서 고른 생일 선물을 드려도,

"나 이딴 거 필요 없다."
하시며 '툭' 내던지셨던 모습과 아버지에게 대들다 철제 의자로 이마를 맞아 피를 흘렸었던 사건은 내 뇌리에 건조하게 남아있다. 부자의 사이는 냉랭했다. 굳이 유책 사유를 따지는 건 의미가 없다. 당신에게도 처음 키워보는 자식이었고, 나 역시 처음 살아보는 세상이었다. 서로에게 부족함이 없을 리 없었다.

아버지의 직업은 바다의 평화를 지키는 일이었다. 무법자들로부터 바다를 지키기 위해, 행동거지가 다소 거친 편이었다. 그는 9시 뉴스의 내용은 몰라도 다음 날

파도의 높이(波高)가 어떤지 꼭 알아야 했다. 평소에 어머닌 아버지가 오랫동안 집에 들어오지 못하는 걸 안타까워하면서도, 부부싸움을 할 때면 삿대질을 하며 이렇게 앙칼지게 말하곤 했다.

"너-는 바다에 물똥이나 싸면서!"
"뭐라고! 이 여편네가!"
서로를 향한 비하 발언이 일상적인, 화기애애[9](火氣喝喝)한 가족이었다. 이런 빌어먹을 집구석.

한 달에 아버지 얼굴을 거의 못 보니 형제는 아버지가 살가울 리 없다. 간혹 집에 오실 때도 엄마는 연년생 아들놈들에 지친 탓인지 우리의 악행을 아버지에게 속닥속닥 그대로 일러바치곤 했다. 이걸 베갯머리송사[10]라 하였던가. 형제가 그 사실은 안 것은 아주 한참이 지난

---
[9] 불같은 기운으로 꾸짖음. 일반적으로 아는 화기애애(和氣靄靄)와는 다른 한자를 씀.
[10] 베개 머리맡에서 이루어지는 부부의 은밀한 이야기. 가끔은 역사적인 사건의 시발점(始發點)이 되기도 한다. 셋째라던가.

뒤였다. 그러면 머잖아 간만에 아버지의 따-뜻한 손길을 느낄 수 있다. 베란다에 고이 모셔 둔 서늘한 알루미늄 배트로 말이다. 아버지가 본격적으로 매타작을 시작하려고 하면, 엄마는.

"새끼들 잡을라고 하요! 그만 하란게!"
"놔 봐. 엄마 말도 안 듣고 이 느무 새끼들이."

울 엄니는 이렇게 지 새끼들이 크나큰 곤경에 빠질 줄 알았으면, 처음부터 아버지에게 고하지 않았으면 되는 일 아닌가!

동생이 엄마가 휘두르는 사랑의 매를 용감하게 턱턱 잡기 시작할 때부터, 이런 고난은 예견되어 있었을지 모른다. 남달리 생존본능이 우수했던 난 매 맞을 짓을 잘 안 했다. 설령 아버지의 배트가 내 엉덩이로 무자비하게 가속할 짓을 했더라도, 우선 싹싹 빌었다. 뭐를?

내 잘못을. 반성과 후회의 눈물을 보이고, 가냘픈 엉덩이와 배트의 접촉 순간 '어이쿠, 당신의 아들내미 죽어요!' 하는 액션을 까무러치듯이 취한다면, 큰 거 한 방(?)이면 될 일이었다.

 반대로 동생은 어렸을 적부터 개김성[11]이 투철하다고나 할까. 안 맞으려고 오두방정을 떨다 결국 '복날 개 패듯' 처맞았는데, 자기가 맞은 거보다 '형이 얍삽하게 매를 피해 나가는 모습에 더 열이 받았다.'란 후문이 있다. 물론 형은 그건 인생을 사는 마음가짐의 문제, 즉 처세의 문제라고 단박에 선을 그었다고 한다. 그리고 형제의 우애와 발전적인 미래를 위해 불행했던 과거는 통 크게 묻어 두자고.

---

[11] 타인으로부터의 강요나 압제에 저항하는 성질. 반항성과 유사. 표준어 아님.

아버지와 초등학생인 두 아들은 남산 타워를 같이 간 일이 있다. 삼부자만의 첫 여행이었다. 서울은 놀라웠고, 전철 밖으로 63빌딩도 처음 보았다. 부자의 사이는 어색했지만, 신기한 것들을 같이 체험하면서 마음의 거리도 조금 가까워진 듯했다. 여차저차 남산에 올랐고 이왕에 온 김에 남산 타워 전망대에도 들르기로 했다.

엘리베이터를 타고 전망대를 휙 올랐다. 이윽고 문이 열리고, 서울 시내 풍경이 한눈에 들어온 순간, 삼부자는 숨소리조차 낼 수 없었다. 한 발도 내디딜 수 없었다. 높고, 무서워서 형제는 바닥에 거의 주저앉을 뻔했다. 몇 분간은 걷질 못하고, 엉금엉금 다녔다. 놀랍게도 아버지 역시 몇 초간 발을 떼지 못했다는 것이다. 그렇게 강인해 보였던 사람이. 광활한 수평면에서 일하는 사람도 우뚝 솟은 지평면 정점에선 아무런 힘도 못 쓰는 것 같았다.

나중에 아버지가 어머니에게 하는 말을 들었다.

"아무리 해도 발이 안 떨어지데."

그도 그 당시에는 무서웠을 것이다. 두 아들이 옆에 있으니, 차마 그런 말은 할 수 없고, 당신도 잠시나마 패닉 상태에 빠져 있던 것이었다. 자식 놈들은 신나게 무서워하고, 그런 그때 아버지의 표정은……. 잘 기억나질 않는다.

어머니는 간혹 장남이 아버지 편을 든다며 역정(逆情)을 낼 때가 있다. 이제는 아버지가 순수 '악(惡)'이 아님을 안다. 필요악(必要惡)을 자처하였음을 안다. 고등학교 때 아버지의 나를 향한 싸늘한 태도는 어머니에게 했던 잘못한 행동에 대한 책망, 혹은 엇나가기 시작한 것에 대한 걱정의 표현이었을 테지.

아버지는 평생 변덕이 심한 무자비한 바다에서 생활했고, 거친 사람들과 지냈다. 문제를 해결하는 방식은

단순하고 직접적이었다. 그의 아들은 부모의 바람대로 책상머리에서 활자에 몰두했다. 또한 대화를 통한 해결 방법을 선호하는 인간이었다. 서로가 평행선 끝에서 만날 수 없는 각자의 사정이 있었을 뿐.

아버지가 재산을 사회에 기부한다는 말도, '성실하게 노력하지 않고 인생을 살면, 사회에 재산을 기부해 버린다.'라는 일종의 권계(勸戒)가 아닌가 싶다. 오호통재라! 감히 이런 깊은 뜻을 헤아리지 못한 아들놈들은 한갓 이를 뜬구름 잡는 소리로만 치부했었다니.

집안의 걱정거리였던 동생은 부(父)업을 이었다. 다만 아버지처럼 세상의 평화는 지키되, 그 장소가 바다가 아닌 뭍이 되었을 뿐이다. 엄마의 걱정과 달리 다행스럽게도 동생은 똥은 '바다'가 아닌 '바닥'에 눌 수 있게 되었다. 어쩌면 아버진 나보단 동생의 취업 소식에 더 기뻐했을지도 모르겠다.

어릴 적 동생은 아빠를, 난 엄마를 닮았다는 소릴 자주 들었다. 엄만 이 소릴 들을 때마다 새하얀 치아를 보이며(皓齒) 환하게 웃었다. 고춧가루가 잇새에 끼지 않았다면 완벽(完璧)했을 텐데. 이제는 과거와 달리 내 모습을 보면 외가 친척들이 이렇게 말한다.

"장남이 예전엔 엄마 닮았었는데, 지 아부지 판박이네야."
"그러게. 이젠 오히려 둘째가 엄마를 닮았구먼."

엄마도 한 수 거들어,
"그러게. 옛날엔 이뻤는데, 지금은 왜 저렇게 됐을까."
누구의 얼굴이 갑자기 붉어진다. 부지불식간 반격의 기회마저 잃은 가방끈만 긴 머저리는 친척들의 시선에 죄지은 거 마냥 몸 둘 바를 모른다.

참나. 아무리 그래도 난 그와 닮은

진한 팔자 주름이 부끄럽지 않다.

큰 매부리코가 부끄럽지 않다.

좁은 어깨가 부끄럽지 않다.

황소 똥고집이 부끄럽지 않다.

다만 등이 활처럼 휘었고, 세월에 마모(磨耗)된 한 남자가 보인

다시 없을 헌신(獻身)에 그리 보답(報答)할 것이 없음이 부끄러울 따름이다.

기억, 현재 진행형으로 소실 중

'흰색 메리야스와 하얀 팬티를 걸치고 백색 연기를 내뿜는 방구차(소독차)를 향해 뛰어가는 소년을 본 적이 있나요?'

'네. 본 적이 있어요. 바로 저니까요.'

'……잘하셨어요.'

빤스 차림으로 소독차를 따라다닌 건 국민학교 일 학년 때까지였다. 맹세컨대 그 이후에는 결코 그런 적이 없다.

어느 소도시 한 아파트 단지. 집에 가는 길에 난 결코 지금 시간을 잊지 않으리라 다짐했다. 더 나아가, 앞으로 살면서 중요한 일들을 모두 기억하며 살고 싶다고. 갑자기 행복에 겨워 뛰어다녔다. 내 나이 겨우 국민학교 이학년.

  결국 '잊지 않아야 한다.'라는 다짐만을 기억하고, 정작 중요한 기억은 현재 진행형으로 소실 중.

  위 소도시 옆 은밀한 곳이 있다. 어딘가에 아파트 한 채만 덩그러니 남겨져 있었다지. 우리 가족과 몇몇 가족만이 살았다. 주위에는 아무것도 없다. 밤이 되면 풀벌레 울음소리와 터질 듯한 칠흑의 바다와 별빛만이 가득한 곳. 아무도 없었지만 나름 행복했던 시절. 여름밤에는 단지 앞 공터에 장어를 굽고, 그것을 아이의 입에 넣어주는 어른들. 입 짧은 아이들이 뛰어놀던 그곳.

비 오는 날.

교실 한가운데 난로가 있는 이른 고대의 교실. 그 옆을 채운 학생들. 왁스랑 손걸레로 복도를 반짝반짝하게 만드는 고사리손들. 창가 옆으로 비가 세차게 내려온다.

"쏴아아아."

'나 우산 안 가져 왔는데...'

집에 가는 길이 걱정이 된다. 예쁘게 차려입은 옷과는 반대로 아이의 희고 깨끗한 이마에 잠시 주름이 생긴다. 아이들은 교실 앞 교정까지 찾아온 엄마의 손을 잡고 같이 교정을 떠난다. 금방이라도 무너질 것 같은 건물 삼각 지붕 아래서 엄마를 기다린다. 얼마 기다리지 않았는데도 아이의 내리는 비와 비슷한 성분의 무언가가 눈에 서서히 고여온다.

멀리서 우산 한 개를 손에 쥔 여성이 아이의 이름을 부른다. 앞으로 많은 사람이 그의 이름을 부를 테지만, 아마 가장 많이 그의 이름을 불렀을 한 사람.

"왜 이렇게 늦게 왔어?"

아들의 투정에 엄마는 아들의 눈을 보고, 짐짓 환하게 웃으며, 이렇게 답한다.

"너 늦게 왔다고 화났구나. 엄마가 한 번이라도 비 오는데 안 온 적 있어?"

그녀의 아들은 머릿속으로 엄마의 말을 실제 헤아려 보다가, '그래도 왔으면 됐지.' 하고, 집에 맛있는 게 있는지 물어본다. 엄마와 닮은 표정으로 웃으며.

그 아들은 머리가 커가고, 사는 환경도 커져만 갔다. 대도시의 한 아파트.

그 동네 사는 남아들은 모두 나와서 이어 달리기를 한다. 코스는 아파트 한 동 한 바퀴, 두근두근 쿵 떡. 숨을 헐떡헐떡, 철없는 남아들은 전력을 다해 질주한다. 문득 달리다 하늘을 보면 초저녁의 어둠이 깔려 있음에도, 결코 두려움을 느낄 수 없다. 그걸 느낄 새가 없는 것이다.

아파트 부엌 칸에 나 있는 작은 창문 사이로 엄마의 음성이 들려온다. 밥 먹으라고. 이어서 다른 집에서도 비슷한 소리가 너나 할 것 없이 들려온다. 흰밥에 김이 모락모락 나오는 된장찌개. 소박한 김치와 김. 이외의 반찬은 기억나지 않는다. 소리를 내어 게걸스레 후다닥 저녁을 먹은 뒤, 조심스레.

"엄마 나 또 나가도 돼?"
"안돼. 어제도 또 나갔잖아."
"누구누구 나오고, 다른 애들도 다 나간다던데."
"...갔다 와."

2차다. 얏 호! 동생과 난 계단을 '다다닥 다다닥' 내려간다. 마지막 1층 계단에서는 다섯 칸을 한 번에 빡! 내려오니 무릎이 시큰하다. 큰 버드나무 앞 평상에 먼저 온 아이들이 삼삼오오 모여있다.

"왔어?"
잇새에 낀 무엇으로 상대의 저녁을 알 수 있다. 그렇게 밤은 깊어 가고, 소년들의 몸에 상처도 늘어 간다.

플래시백(Flash Back)

국민학교 일 학년 때로 돌아간다. 한 여아와 같이 동네 먼지 쌓인 구멍가게로 들어간다. 남아는 오늘은 내가 먹을 것 산다고 여아에게 말하는 것 같다. 남아는 이렇게 생각한다.
'이것이 데이트?'
순진하지만 어려도 알 건 안다. 드라마에서 봤다.

남아와 여아는 각각 자신이 먹고 싶은 것을 골랐다. 남아가 계산하려는 순간.

  '없다. 분명히 엄마가 간식 사 먹으라고 준 돈 이백원이.'

  아이는 몇 번이고 주머니를 뒤진다. 이 아이에게는 앞으로 수많은 위기를 만날 테지만 지금이 지금이 인생 최대의 위기라고 생각할 것이다. 얼마 후 두 아이는 나란히 구멍가게 앞을 나선다. 둘 다 작은 두 손에 아무것도 쥐지 못한 채로. 남아는 여아의 표정을 기억하지 못한다. 더구나 구멍가게 아주머니든 아저씨였든 그네들의 표정도 기억하지 못한다. 물건값을 치르려고 돈을 꺼내려고 할 때, 돈이 없었을 때의 그 낭패감. 여아가 나를 어떻게 생각할지 조마조마했던 마음. 그 기억만은 현재 진행형으로 유지 중.

잊고 싶은 기억들은 오랫동안 머릿속에 남아
지워지지 않는다.
반대로 '잊지 않을 거야. 절대로.'라고 했던 기억들이
제일 먼저 잊혀진다.
오늘도 난 잊고 싶지 않은 기억부터, 그마저도
현재 진행형으로 소실 중.

미련(未練)함에도, 잊어야 한다고

"너 나한테 미안한 거 있지?"
'미안한 거? 뭘 말하는 건데.'

내 이름 세 글자를 엄마가 꾹꾹 눌러서 부르는 것처럼 가슴이 뜨끔하다. 분명 명백한 잘못은 없다. 그런데도 뭔가 죄인이 된 기분이다. 아무리 생각해 보아도 그럴 만한 일을 한 적이 없다. 누군가를 잘못 대한 것은 있을지도 모르지만.

결국 그녀는 술에 취해 친구 녀석 등에 업혀 나갔다. 난 내 허물을 부정이라도 하듯, 그녀와의 어떤 관계도 부정하듯 가만히 보아야 했다. 나서야 했다. 어떤 오해가 있더라도, 향후 어떤 오해를 받더라도, 내가 그녈 업어야 했다. 그녀가 어떤 이유에서인지 그렇게 오묘한 말을 했는지, 그날 그렇게 취해야 했는지 알 수 없다. 그렇다 하더라도 꿰다 놓은 찔쭉한 장승처럼 바라만 보아서는 안 되었다. 술 취한 그녀를 나 대신 업고 나서, 친구 녀석이 마치 내 일을 대신했다는 뿌듯한 표정 따위를 짓게 만드는 일 따윈 해선 결코 아니 되었다.

이것이 지금도 잊지 못하는 청춘의 한 장면이다. 오래되었건만 후회에 몸서리치는. 잊어야 한다는 마음으로 잊으려 하지만 잊혀 지지 않는 봄날의 상흔이다.

청춘(靑春) 시절, 그녀를 동아리 모임에서 만났다. 결연과 비슷하게 우리 학교와는 다른 여학교 서클과 정기적인 만남이 있었다. 남중, 남고, 남동생, 그리고 앞으로 갈 군대까지, 이성에 대해 무지했고, 앞으로도 그리 가망이 없어 보일 내게, 다소 이른 이벤트가 열렸다.

 그녀의 모습은 수수했다. 젤과 정장 차림으로 멋을 낸 나보다도 조금. 하얀 피부, 정갈한 이목구비 정도가 기억에 남았다. 사실 그 자리엔 그녀보다 더 예쁘고, 남학생 모두가 좋아할 만한 여학생은 따로 있었다. 그 시절이 선호하는 젊음과 아름다움을 간직한 여학생에게 모두 은근한 관심이 있었다.

 예외는 아니었을까. 나 역시도. 이후 그 여학생과 난 개인적으로 이메일을 주고받았다. 친근한 이성 친구가 필요했을까. 아니면 선망하는 이성과 연락하는 만족감 때문이었을까. 하릴없이 이메일을 주고받던 어느 날 이렇게 회신하고 만다.

"니가 나에 대해 뭘 알아."

세상에. 어떤 대화에서 저딴 말이 나올 수 있는지 지금의 나로선 도저히 상상조차 할 수 없다. 자신의 처지에 대한 과도한 자기 연민에 비롯되었는지. 공부 말고는 도망갈 데조차 없는 절망 때문이었을지. 연락은 일방적으로 끊겼다.

그리고 수수한 그녀를 만나게 되었던 것 같다. '같다'라고 표현할 수밖에 없는 이유가 있다. 이십 년도 더 지난 일이다. 그러기에 기억을 더듬어보아도 이것이 사실인지 확신할 수조차 없다. 애써 조각난 불확실한 기억의 편린(片鱗)을 그때 감정을 되짚어보며 하나하나 짜맞추어 보는 일이기에.

괜찮게 지냈던 것 같다. 당시 여느 청춘처럼. 내가 영화표를 예매했다. 지금은 좀 더 쉽게 할 수 있는 일을 그때는 왜 그렇게 어렵게 했는지 모르겠다. 영화 선정, 영화 시간, 영화관 자리 등 모든 게 서툴고 어색했다. 영화관이 마치 거대한 요새처럼 느껴졌다. 그래도 젊음의 의욕이란 무시할 수 있는 게 아니다. 데이트는 다행히 무탈했다. 아직도 기억에 남는 건 로맨스 영화를 보고 싶었는데, 그 영화는 자리가 없었다. 우연일까.

영화를 보고 얼마 후가 크리스마스였다. 편지를 부탁했다. 단아한 손 글씨로 쓰인 작은 엽서를 받았다. 평소 진지한 모습과는 달리 조금 장난스러운 내용의 편지였다. 이후에 몇 번이나 읽고 읽었던 것 같다. 받은 당시에는 날 좋아한다는 느낌이 없어서, 확신을 가지지 못했다. 돌이켜보면 마지못해 부탁받아 쓴 손 편지는 아니었다. 분명 그럴 거라 생각한다.

그녀에게 받은 편지는 이제껏 받았던 편지 중 꽤 오랫동안 간직했다. 과거와 작별하기 위해 남아 있던 몇 장의 편지마저 모조리 없애기 전까지는.

어째서인지 이후 난 그녀에게 연락하지 않았다. 결국 그녀는 이렇게 말했다.

"너 나한테 미안하지 않아?"

앞의 대사와 미묘하게 다른 것을 따지는 박정한 짓은 말아 주었으면. 강산이 두 번 변하고도 더 지난 일이다. 아무리 총기가 넘치고, 기억력이 좋은 사람이라도 세월의 힘은 당해내지 못한다. 그래도 그 말만큼은 도저히 잊혀지지 않는다.

과거의 일을 잘 기억하지 못한다. 어렸을 때 일은 엄마와 동생에게, 대학 때 있던 일은 동기들이 말해 주는 것을 듣는 편이다. 다만 아주 슬프거나, 형용할 수 없는 기분이나 감정이 들었던 일들을 주로 기억하는데, 정작 주변인들은 이를 기억하지 못한다.

　결국 내가 기억하는 일은 대부분 타인이 알 수 없는 일이다. 공감받을 수 없는 과거의 일을 누구에게도 이야기하지 못한다. 혼자서 반추(反芻)하는 소처럼 끙끙대며 부상하는 기억의 토사물을 망각의 위장으로 거듭, 거듭 내려보내야 한다.

　이제 수많은 시간이 지나 이렇게 잊지 않고 있으니, 이런 나를 본다면 너는 어떤 마음일까. 아마 이 모든 걸 잊었을 수도 있는데. 난 아직도 그때의 기억을 흘려보내지 못하고 번뇌(煩惱)하고 있구나. 잊어야 한다는 마음으로 켜켜이 쌓인 과오(過誤)의 회고록에서 고르고 고른 문장을 꺼내 내키는 대로 끄적여 본다.

아. 그대는 이미 떠나갔지만, 아직 나는 그대를 보내지 아니하였습니다.
떠난 그대가 그리운 것인지. 떠난 청춘이 그리운 것인지 알 수 없지만,
내가 보내지 않는다고 해서, 지난 세월의 그대가 돌아오지는 않겠지요.

총기가 흘러넘치는 반짝이던 눈은 흐리멍덩해지고,
살구빛 생동한 홍안도 자글자글해지고,
새까만 흑발도 점점 그 빛이 바래져 가지만,

잊지 말고 기억해 주오.
그대와 나 역시 저기 저 매가리 없이 지나가는
청년들이 지닌 빛나는 푸르름을 한때 지녔었다고.
다시 돌아오지 않을...그 청록빛을.

느려도 된다면

밤의 고양이는 사람이 무섭지 않다

어렸을 적 라면을 너무 좋아했다.

꼬들꼬들한 면발에 뜨끈하고 매콤한 국물, 밥에다 말아서 김치랑 꿀꺽.

학업 스트레스가 나를 옥죄어 올 때면, 나중에 일본에 가서 라면을 배워 우리나라에 그걸 팔며 살리라 다짐했다. 헛된 꿈이지만 아무렴 어떤가. 상상해 보는 것 그 자체는 누구에게도 피해를 주지 않으니.

어릴 적 게임을 엄청 좋아했다.

그 중 '스트리트 파이터' 게임의 배경 화면이 정말 멋졌다. 두 사람이 서로 격투를 하는 게임으로, 주인공 배경 테마가 일본의 고궁이었다. 그 배경 화면과 은은하고 비장하게 흐르는 배경음이 너무나 좋았다.

그렇게 일본 문화에 관심을 가지게 되었고, 언젠가 일본어를 하고 싶다는 욕망이 생겼다. 그 시절 반일 감정도 남아있었고, 일본 문화에 심취하는 것이 그리 좋은 모양새는 아니었다. 그럴 때면,
'적을 알아야 나중에 같은 일(국권 피탈)이 벌어졌을 때, 그걸 예방할 수 있다.'라는 생각을 가지고, 내 욕망을 정당화해 갔다.

세월은 사람을 기다리지 않는다. 삶의 풍파에 욕망의 모양조차 흐릿해졌다. 그럴지언정 마음 한켠에 '언젠가

는…' 하는 마음이 조그맣게 남아있었다. 일로 바쁠 때도 일본어책을 사고 조금씩 공부를 해 나갔다. 그렇게 오래 가진 않았다. 현실에 부딪혀 포기해야 하는 일 순위가 일본어 공부였다. 그렇게 의욕을 잃고, 일본어를 하지 않아야 하는 이유만을 수집하고 있었다.

어쩌다 시간이 생겼다. 유한하지만 무한하게 느껴졌던 그 시간. 거기에 무엇이라도 채워 넣어야 했다. 큰솥에 물이 끓고 있다. 알맞은 재료만 넣으면 되었다. 어떤 음식을 만들고 싶은지 고민했다. 사람은 자신이 경험한 것 이상을 상상하기 힘들다고들 한다. 어릴 적 경험했던 라면과 게임에 느꼈던 일본에 대한 동경이 떠올랐다.

무작정 근처의 서점에 갔다. 그중 보이는 일본어 서적을 집어 들었다. 눈에 들어오는 문자의 홍수에 그만 책을 놓칠 뻔했다. 다음 책을 집어 들었다. 역시 마찬가지다. 커다란 절망감이 들었고, 극심한 무력감과 피로감이 같이 몰려왔다.

'너 이번에도 포기할 거야?'

분한 마음과 오기가 생겼다. 집었던 책 중 한글을 조금 더 구경할 수 있는 책의 값을 치렀다. 배수진(背水陣). 뒤가 없는 게임을 시작했다. 옛 전한의 명신 한신의 고사에서 물을 뒤에 둔 병사처럼, 난 일본어에 전력투구(全力投球)하려고 마음먹었다.

낮에는 일본어를 공부하고, 밤에는 일본어 수업을 들었다. 주경야독(晝耕夜讀)이라고들 하지만, 난 주일야일(晝日夜日)이었다. 낮엔 도서관에서 공부를 했다. 그곳에 나 말고는 취미를 진지하게 공부하는 사람은 없는 듯했다.

'돈벌이도 되지 않을 일을 왜 나 혼자 여기서 하고 있을까.'라고 끊임없이 고민하며.

이제는 머릿속에 떠오르는 한국어를 일본어 문장으로 바꾸어 표현할 수 있다. 저녁에 달리다 보면, 고양이들이 달리는 나를 무서워하지 않는다. 저절로.
'밤의 고양이는 사람을 무서워하지 않는다.'
'요루노 네코와... 히토오 코와쿠 나이. 맞을까?'
별거 아닌데 스스로가 뿌듯하고, 행복한 느낌마저 든다.

원래 목표는 일본어 마스터였지만, 지금은 더 높은 자격증을 갖는다고 해서 일본어 실력이 나아질 거란 생각이 들지 않는다. 일본어를 경험하고, 그 문화를 향유하고, 타인과 의사소통하면 그게 '그 나라 말을 한다.'는 것의 거의 전부이지 않을까.

한 번 보면 잘 잊지 않고, 기억력이 좋다. 박람강기(博覽強記)라던가. 스스로가 가진 장점에 알맞은 한자어라고 생각했다. 군대에 있을 때, 다짐한 일이 있다. 아주 야망과 의욕이 넘쳐서, '한 해에 하나씩 외국어를 마스터한다.'는 계획을 세웠다. 전역 후 십년이 지나 외국어 한 개를 겨우 그것도 띄엄띄엄 할 수 있게 되었다. 박람강기는커녕 득일망십[12](得一忘十)에 이르러 새 노트에 펜을 옮겨 적기도 쉽지 않다. 쓰고 보니, 자기 주관화의 화신(化身) 같은 인간일세.

'가짜 욕망'은 스스로 끊임없이 혹사하도록 날 유혹한다. 이미 다음 단계인 프랑스어 교재도 미리 사 두었다. 책도 첫 페이지 한술을 뜬 상태이다. 다양한 외국어를 할 수 있는 완벽한 내 모습을 상상한다. 그런 미래의 모습을 위해 날 더욱 채찍질하고, 결국 현재의 자신은 불행해진다. 이게 '불행중독'이라는 건가.

---

[12] 하나를 알면 열을 잊는다.

일본어 자격시험 책도 뭐에 홀린 듯 샀다. 주말엔 그 책을 살포시 덮고, 일본 영화를 보러 다닌다. 최근에 본 영화는 '너의 췌장을 먹고 싶어', '4월 이야기', '나를 모르는 그녀의 세계에서', '카우보이 비밥', '기동전사 건담-역습의 샤아', '괴수 8호-미션 리컨' 등. 앞으로도 공부 안 하고, 영화 보러 다닐 거다. 이게 내가 외국어를 공부하는 방식이다.

시작이 라면이든 게임이든, 가짜 욕망이었든, 그것은 중요하지 않다. 라면은 지금도 좋아하고, 게임 역시 좋아하는 취미이다. '가짜 욕망'에서 시작했지만, '진짜 누림'으로 끝난다면, 그것도 배움의 아름다운 마무리가 되지 않을까. 하고.

밤의 고양이는 사람이 무섭지 않다.
- yoruno necowa ningenga kowacu nai -
(더 이상 자세한 일본어는 생략한다.)

통기타, 되겠지요 언젠가는

'길을 걸었지~ 누군가 곁에 있다고~ 느꼈을 때~ 나는 알아버렸네~'

우연히 길을 가다 통기타를 등에 짊어진 누군가를 보았다. 살면서 처음 '저 모습이 되고 싶다.'라는 생각이 들었다. 구체적으로는 통기타를 저렇게 매고 걸어가는 사람이 나였으면 했다. '가짜 욕망', 그 순간 든 생각에 대해 이름 붙인 것이다. 저 사람의 실력과 노력을 알지도 못하면서 단지 그 모습이 부러워져 드는 생각. 그래도 부러운 건 부러운 거다. 이 기억이 이렇게 오래토록 남아있을 줄 몰랐다. 그땐 정말로.

친구와 같이 악기를 배우기로 했다. 친구는 드럼을 난 통기타를. 아주 허름한 학원이었고, 선생님은 학생들을 가르치는 데는 별로 관심이 없는 듯했다. 뭘 해도 잘했다고 하니, 내가 잘하는지, 못하는지 가늠할 수 없었다. 처음에는 실력이 느는 게 눈에 보였지만 결국 한계에 부닥치자 그만두게 되었다.

'역시 헛된 욕망이었구나.'라고 생각하며.

인간의 욕심은 끝이 없고, 같은 실수를 반복한다. 또 다시 통기타 학원을 수강했다. 친한 동생 놈과 함께. 그는 클래식 기타를 난 통기타를. 실력은 부쩍부쩍 늘어서 선생님도 진도를 빨리빨리 나갔다. 그 녀석은 클래식 기타 연주가 어려운지 진도가 썩 빠르지는 않았다.

문제는 이번에도 한계에 봉착했다는 거다. 기본기가 늘지 않은 상태에서 어려운 곡에 도전하니, 잘 될 리가 없었다. 안되니 재미가 없어지고, 그만하고 싶어졌다. 결국 동생 녀석에게.

"난 여기까지만 하려고. 너는 계속하려면 계속해."
"형님. 저도 그만하겠습니다."
"나 따라 그만두면, 해놓은 게 아깝잖아. 넌 그냥 계속해."
"형님 없이 혼자 어떻게 합니까."

대화는 마무리되었지만 녀석은 오묘한 표정을 지었다. 그렇다. 마치 '벌써 그만두는 거냐.'라고 말하는 거 같았다. 어느 의미에서나 예의 바른 녀석.

갑작스러운 휴직. 시간이 많이 생겼다. 말 그대로 시간 부자(Time rich, 時間もち). 단 하나 하고 싶은 것

을 찾자. 가능성이 있는 것으로. 고민하던 차에 여러 번 포기했던, 마음 깊이 숨겨져 있던 헛된 욕망이 스멀스멀 떠올랐다.

'통기타'

학원에서는 이미 두 번이나 실패를 맛보았다. 남는 건 시간이니 가볍게 문화센터로 시작해도 괜찮겠다는 생각이 들었다. 다행히 자리가 있어 본격적인 통기타 라이프가 시작됐다.

이번에는 조금 달랐다. 수강생이 많아 선생님은 개인에게 일일이 신경을 쓰기 어려웠다. 그게 좋았다. 적당한 거리감. 사실 조금 많이 멀었지만, 다시 통기타를 칠 수 있다면 아무래도 좋았다.

수강생들은 대부분 연세가 있으셨는데, 문화센터의 특성으로 보였다. 그분들은 마치 나이를 잊기라도 한

듯 열정이 대단했다. 연주 실수를 해 선생님에게 핀잔을 듣더라도, 끊임없이 질문하고 노력하는 모습이 인상적이었다.

"아이고. 나 좀 봐. 이상한 데를 치고 있었네."

가끔 연주 실수를 자책하는 모습은 귀여우시기까지 했다.

어느 날, 그는 자신이 치고 싶은 곡을 자유롭게 얘기해 보라고 하셨다. 난 성시경의 '두 사람'을 선택했고, 그는 자꾸 '두 사랑'을 준비해 오면 되냐고 물었다. '두 사람'은 통기타로 연주하는 건 어려웠다. 수강생들에게도 간간이 푸념이 나왔다. 내게 의미가 있는 곡이기에, 마저 이 곡을 포기할 수는 없었다.

어릴 적, 동생과 다투다 오른쪽 약지 뼈가 부러졌는데, 뼈가 잘못 붙었다. 그 결과, 오른손 약지의 사용이 부자연스럽고, 당연히 바로 옆 중지와 협응이 잘되지 않는다. '두 사람'은 아르페지오로 연주해야 하는데, 이 연주법은 기타를 치는 손가락의 협응이 무척이나 중요하다. 여러 음을 한 번에 치면 되는 스트로크 연주는 그나마 자신이 있다. 하지만 손가락의 섬세한 협응이 필요한 아르페지오 주법 연주는 내게 쥐약이나 다름없었다.

그래도 포기할 수는 없지 않은가. 시간이 있을 때면, 이 곡을 연주했다. 선생님조차 이런 날 보곤,
"너무 어려운 곡을 계속 연습하면, 흥미를 잃을 수 있어요."라고 전체에게 넌지시 이야기했을 정도이다.

하고 싶어서 하는 일이다. 스스로가 선택한 고통이다. 연주할 때, 손가락 움직임이 여전히 자연스럽지 않았지만 손가락을 전혀 사용할 수 없는 것도 아니란 생각이 들었다. 통기타 연습이 무의미하게 느껴질 때나 지겨워질 때면, 언젠가 텔레비전에서 본 손가락이 몇 개 없는 피아니스트의 모습을 떠올렸다.

선생님은 그 곡을 내가 어느 정도 연습했는지 보고 싶으셨나 보다. 두근거려 터질 듯한 심장 소리를 느끼며, 연주를 시작했다. 손이 꼬이고, 평소에 연습한 실력의 반의반도 보여주지 못했다.

"성격이 엄청 급하다는 소리 듣죠?"
'아니요. 차분하다는 소릴 듣는데요.'
"악기는 천천히 연주하는 것이 훨씬 어려워요. 실력이 늘려면 그것보다 훨씬 천천히 연주해야 해요."
'이건 원곡보다 한참 늦어요.'

빨리 곡을 완성해야 한다는 조급한 마음과 뽐내고 싶은 공명심(功名心)을 선생님에게 들킨 거 같았다. 그래도 여느 때처럼 스스로가 부끄럽진 않았다. 그보단 미진한 내 실력을 인정하고, 나아가고자 하는 열망이 더 컸다. 좀 컸네. 나.

과거의 실패는 조급한 마음 때문이었다. 빨리 실력이 늘지 않으면, 자신에게 실망하고, 금세 그 일을 그만두었다. 그 짓을 반복했다. 하루아침에 이루어지는 일은 없다. 대단한 일은 아주 작은 일에서 시작한다는 원칙을 잊고 살아왔다. 가르치는 학생들에게는 항상 '천천히', '느릿느릿'을 강조하면서, 정작 본인은 이것을 지키지 않았다.

올해도 역시 같은 선생님에게 통기타 수업을 듣는다. 한낮 필부(匹夫)의 보잘것없는 연주를 듣더니,
"아직도 빨리하는 버릇은 못 고쳤네요."
라며 빙그레 웃는다.

축가, 영광의 시대는 지금입니다

어머니는 천생 가수였다. 나를 낳으시다가 목소리 다 갔다고 하소연했다. 그로 인한 허스키 보이스와 굵직한 바이브레이션. 가사의 변화에 따른 극적인 감정 표현과 고개 꺾기, 마이크를 돌리는 기술로 트롯을 기깔나게 불렀다.

소싯적 숟가락 잡고 노래 한 소절만 불러도 동네 청년들이 환장했다고 본인은 강력히 주장한다. 방금 표현은 너무 경박스러운가. 좋아했다고 정도로 해두자. 동네 청년이란 생물은 왜 쓸데없이 우리 엄말 연모하는가? 점점 믿을 수 없는 이야기투성이다. 세상이란.

 예부터 어머니의 표정이 환해질 때는 아들이 시험을 잘 보았다는 소리를 들었을 때다. 또 하나, 주변 사람들이 노래 잘 부른다고 치켜올려 줄 때다. 속이 다 보인다니까. 나 참.

 어머니는 가무를 좋아하셨다. 마치 인터넷에 떠도는 믿기 힘든 고구려 사람들 설화처럼. 다행히 음주는 좋아하지 않아서 집안이 풍비박산(風飛雹散) 나는 것은 면했다. 음주까지 좋아했다면 그의 아들이 이리 반듯하게 크지는 않았겠지. 내가 아주 어릴 적, 어머니와 그 친구들은 남편들 몰래 가무하러 가는 것을 추진하였더랬다.

 "엄마 춤추러 다닌대."
 아버지에게 한 이 무심한 한마디에 새로 장만한 고가

의 전축이 부수어졌다던가. 그때의 상황은 상상에 맡긴다. 역시 가정의 평화는 장남[13](障男)이 지킨다. 장하다. 암요.

나 역시 노래하는 걸 좋아한다. 등굣길, 하굣길, 학원을 오고 갈 때, 노래를 부르며 거리를 걸었다. 다양한 장르의 노래를 불렀고, 가수의 성대모사를 하기도 했다. 성당 다닐 때, 고등학교 때, 대학교 때 심심하면 친구들과 노래방에 갔다.

그에 비해 데뷔는 조금 늦었다. 군대에서 노래자랑이 첫 무대였다. 윤도현의 '잊을게'를 남정네들 앞에서 자신 있게 불렀다. 버킷리스트 중 하나였지만 감동적인 느낌은 없었다. 군대에서 약속한 보상도 없었다. 그래도 괜찮았다. 어찌 됐든 소망하던 바를 이뤘으니.

---

[13] 장남(障男) = 엄마의 방종을 막는 남자

대학교 동기 녀석들이 하나씩 결혼을 준비했다. 친하건 조금 덜 친하건 내게 축가를 부탁해 왔다. 부담감이라는 게 생겨 버렸다.

'혹시 노래하다 음 이탈 나서 결혼식을 망치면 어떡하지.'

이들 중 맨 처음, 가장 친한 동기 동생 녀석이 축가를 부탁해 왔다. 몰래 열심히 연습했다. 하늘 아래 비밀이라는 건 없다고 했던가. 학생들과 몇몇 선생님이 축가 연습을 하는 걸 우연히 보고 관심을 보여 왔다. 부담스럽지만 어쩔 수 없었다. 연습을 안 할 수는 없으니.

결혼식 때, 축가를 불러 본 사람은 알 것이다. 일단 결혼식 시작 전 축가 리허설을 한다. 생면부지(生面不知)의 사람들 앞에서 축가의 일부분을 부른다. 떨린다. 그 다음 결혼식장 맨 앞에 앉는다. 그러다 결혼식이 끝날 즈음에, 마치 옛날 시집온 새신부가 가마에서 나오듯 결혼식장 안의 사람들에게 나를 수줍게 선보인다. 사람들의 흥미 어린 시선이 느껴진다.

'나를 보며 저 사람들은 무슨 생각을 할까.'
 애써 태연한 척 마이크를 매만지며 노래가 나오길 기다린다. 평소보다 얼굴은 상기되고, 심장 박동이 느껴질 만큼 내 가슴은 심하게 요동친다. 그래도 노래 음이 들리면 어떻게든 시작해야 한다.

 지겹도록 익숙한 멜로디. 떨리는 가슴과 귀에 들리는 음 모두 붙잡아야 한다. 약하게 부를 곳은 약하게, 세게 치고 나가야 하는 부분은 세게. 애절해야 할 부분은 감정을 담아. 절정 부분은 최선을 다해. 신랑의 모습이 들어온다. 차마 신부는 쳐다볼 수 없다. 청중을 보며 노래하지만, 그들이 눈에 들어오는 건 아니다.

클라이막스 부분을 끝내고 과제를 낸 초등학생이 선생님의 평가를 기다리는 것처럼, 청중의 반응을 조심히 살핀다.

"우~~~~와~~~~~~."

우레와 같은 박수갈채와 함께 몇몇은 일어서서 환호해 준다. 이 느낌은 나른하면서 잊을 수 없다. 벅찬 감동이 이어져 점심조차 제대로 들 수 없었다.

마지막 축가는 동생의 결혼식.

유일하게 먼저 동생에게 자청한 축가다. 그 결과 부모님, 친척 어른, 사촌 동생, 그리고 그 지인 앞에서 노래를 불러야 한다.

'나는 왜 사서 고생을 하는가.'

'한 번은 결혼식장 뷔페를 맘 편히 먹고 싶다.'

란 생각이 절로 든다.

'지친 하루가 가고. 달빛 아래 두 사람. 하나의 그림자.'

 이렇게 시작하는 노래다. 그래. 내게는 이제 지칠 하루의 시작이지. 그래도 이를 위해 연습한 많은 시간이 있다. 그보다도 동생의 결혼식이다. 무엇보다 노래는 내 일상이다. 흥얼흥얼. 거리에서 수많은 시간 노래 부르며 목으로 웃고, 울고, 꺾고, 떨었었지. 도대체가 왜.

 신랑의 모습이 보인다. 감량이 되지 않은 푸짐한 실루엣이 보인다. 표정은 보이지 않는다. 아마 걱정하고 있으려나. 신부의 모습도 보인다. 동생과는 반대로 완벽하다. 요번에도 신부의 표정은 차마 볼 수 없다. 아차. 상념이 길었다. 다행히 노래는 안정적이다. 가사도 틀리지 않는다. 음 이탈도 없다. 다소 긴장한 까닭에 목은 조금 잠겨 있지만. 괜찮다. 나는 이 노래를 다소 이해하고 있다.

'먼 훗날 무지개 저 너머에~'

어쩌다 보니 절정부에 도달했다. 여기만 잘 넘기면 끝이다. 왠지 모르게 아쉬운 느낌이 든다. 잘 못 불러서 아쉬운 건 아니다. 이 긴장감, 약간의 황홀함. 싱어스 하이(Singer's High). 조금 더 느껴보고 싶다. 내 마음과 달리, 노래의 끝은 어김없이 다가온다.

'우리 두 사람 저 거친 세월을 지나~~~~~~', '가~~리~~~~'

'지나'를 길게 끌고 몇 박자를 쉰 다음 '가리'를 자연스럽게 잇는다. 그리고 '리'에 바이브레이션을 가능한 길게 넣어 여운을 살린다. 끝났다. 마치 겪어보지 못한 죽음과 같은 안도감과 편안함이 온몸에 나른하게 스며온다. 노래를 멈추고, 고개를 살짝 숙인다. 마치 그 분야의 뭐라도 되는 것처럼. 이번에도 역시 조용히 청중의 반응을 기다린다.

'잘 해낸 걸까.'

열심히 했고, 과정은 즐거웠다. 그러면 되었다. 첫 축가와 동생 축가 사이에 너 댓의 축가가 있었다. 실패하고, 좌절하고, 자책도 해 보았다. 그렇다. 이미 다 해봤다.

결혼식이 끝난 후, 넌지시 동생은 내게 말했다.
"왜 니가 노래하니깐 눈물이 살짝 나오냐."
이유는 묻지 않았다. 원래 형제들은 그런 걸 묻지 않는다. 단지 이렇게 답했다.

"졸라 잘 불러서 그래."

어떤 만화에 이런 대사가 나온다.
"감독님 영광의 시대는 언제였나요. 저는 지금입니다."
이제까지 내 노래 인생 중 영광의 시대는 축가를 불렀던 순간들이다. 그 벅찬 감동과 황홀감을 앞으로 느껴볼 수가 있을는지.

땡볕 러닝한 '거북이'에게 립서비스를

여러 번 임용시험에 떨어졌다. 매번 과정도 순탄치 않았고, 결과는 실패였다. 이 와중에 자존감이라는 것은 밑이 어딘지 모를 해저까지 곤두박질 처 버렸다(해저는 이만리가 끝이 아니라고 한다).

문제는 최선을 다했음에도 불구하고 준비 과정에 항상 후회가 남는다는 것이다. 결과는 받아들일 수 있었다. 하지만 그 과정에서 '공부에 전력을 다해야 해.'라며 자신을 몰아붙이다가 스트레스에 공부를 놓는 생활의 반복.

선택지가 별로 없는 상황이었다. 결국 한 구석에 치워 놓았던 군대 통지서를 제대로 읽어 보기 시작했다. 대학 동기들은 거의 임용시험에 합격해서 사회에서 자리 잡기 시작했고, 임용 합격 후 바로 입대를 선택한 동기들은 다소 홀가분하게 군 생활을 받아들이는 듯했다. 그렇지만 난 오래도록 임용에 실패했다는 열패감과 전역해도 다시 임용을 도전해야 한다는 압박감을 안고 입대했다.

훈련소 들어가면 달리기를 원 없이 한다. 여느 날처럼 총을 들고 구보를 했다. 난 속도가 자꾸 쳐졌다. 앞서가던 쾌속(快速)의 동기가 핀잔을 주었다.
"자꾸 처지면 어떡해요. 지금 형만 제대로 못 뛰잖아요."

맞다. 내가 잘 못 뛰는 것도 맞고, 제대로 못 뛰면 동기들에게 피해를 주는 것도 맞다. 그렇지만 억울한 마음도 한 편에 자리했다.

'못 뛰고 싶어서 못 뛰는 게 아닌데, 어째 말을 저래 할까.'

내 처지를 고려하지 못하는 상대에게 야속한 마음, 잘 할 수 없는 자신에 대한 무력함에 속이 상했다. 밉다. 미워.

아무튼 이놈의 징글징글한 달리기는 떼어 놓으려야 놓을 수 없다. 자대 배치 후, 전 부대원 달리기가 있었다. 영광(!)스럽게도 참가 인원에 뽑혔다. 그날부터 안 그래도 노안인 얼굴의 미간과 이마에는 각각 내 천(川) 자와 석 삼(三)자의 주름이 깊이 아로새겨져 그 모습이 사천왕상 뺨칠 정도였다.

병(兵)은 군역을 거절할 수 없다. 군법이 지엄하여 병(兵)들은 한데 모여 달리면서 내내 구슬피 울었다. 그들이 달리는 길이 마치 화산이 분출하여 흐르는 '용암로(鎔巖路)'와 같았기 때문이다. 이글이글. 이것은 도로인가 지옥행 고속열차인가. 땅에서 나오는 열기가 우세한지, 뛰고 있는 그들에게서 나오는 열기가 우세한지 가늠하기 어려웠다.

 그 와중에 난 '선크림은 죽어서 바른다.'라는 이상한 고집 때문에 노출된 모든 피부가 금세 벌겋게 타 버렸다. 목도 타고, 아무리 달려도 보이지 않는 결승점에 애가 탔다. 다행이다. 주위를 둘러보니 나만 타고 있지는 않은 것 같아서.

 동료들도 한 명씩 떨어져 나가기 시작했다. 셈이 빠르고 능청스러운 모 상병은 얼마 지나지 않아,
 "이거 끝까지 뛸 필요 있어?"라며 미련 없이 퇴장.

속을 알 수 없는 부대 최고의 두뇌 모 일병마저, "이건 무립니다."며 최후의 한마디를 내뱉고는 장렬히 전사.

'흐흐흐. 그래 이렇게 한 놈 가고…두 놈 가고… 다(all) 가는 거야…'

실성했나?

혼자인가.

이성을 되찾고 현실을 자각하니, 홀로 되었다는 외로움이 '시베리아 한파'처럼 뼈에 사무쳤다. 세상에. 한여름에 한기라니. 우리 부대는 소수 정예를 자처했지만 포기가 너무 빨랐다. '지옥행 불구덩이 뛰어들기'에 살아남은 인원은 나 하나. 그럼에도 여전히 주위에 '아저씨[14]'라 불리는 사람들이 곁에 있다. 땀내 폴폴 풍기며 함께 땡볕 러닝. 없던 전우애(戰友哀)도 흠씬 생길 지경.

---
[14] 자신이 소속한 부대 이외 다른 부대의 병사들을 통칭하여 이렇게 부른다.

'해냈어.'

 드디어 결승점에 들어왔다. 얼굴은 화산처럼 붉게 상기되어 언제 터져도 이상하지 않았고, 다리는 후들거려 힘을 주지 않아도 저절로 나아갔다. 휘청휘청. 그래도 이보다 더 좋을 수는 없었다. 그냥 포기하지 않고 뛰었을 뿐인데, 살면서 가장 잘한 일이라는 생각이 들었다. 머저리야. 이게 뭐라고.

 한 '아저씨'가 달리기 기록을 알려주었다. 그것보다는 어느 정도 뛰었는지 그게 더 관심사였다(점수보다 등수가 중요한 인간).
 '중간은 했을까?'
 기록대로 줄을 섰더니, 내 위치는 절반에서 약간 뒤쪽. 이건 중간이나 매한가지지.

 먼저 퇴장한 동료들을 만났다. 그러면 안 되는데 웃음을 참기가 힘들었다.

"아. 그까짓 것 대충 뛰면 되는데, 왜 포기들 하십니까."

능구렁이 상병 왈. "야. 더운데 그걸 왜 끝까지 뛰냐?"

하회탈 일병 왈. "그거 제가 안 뛴 겁니다. 못 뛴 게 아니라"

꿍꿍이가 훤히 보이는 자기합리화(自己合理化). 뻔하다. 뻔해.

이후 언젠가부터 취미 삼아 뛰기 시작했다. 최선을 다해 뛰든 않든 대부분 절반에 조금 못 미치는 기록. 신의 안배인 것인가. 난 이걸 '거북이의 달리기'라고 명명(命名)했다. '어차피 어떻게 달리든지 결과가 비슷하다면 빨리 달릴 필요가 없지 않은가.'라는 다소 해괴망측한 결론에 도달했다. 조금 무리할라치면 신기하게도 얼마 지나지 않아 페이스가 쭉쭉 떨어진다. 그럼에도 매번 결승점을 통과할 때마다 저승사자와 강제 영접 중.

'거북이 달린다.'

앞으로의 달리기도 그럴 것이고 내 인생도 이와 크게 다르지 않을 것 같다(大同小異). 그것이 내 그릇의 한계라고 생각한다. 한계를 정한다고 해서 섣불리 내게 근심하거나 충고하지 않았으면. 더 멀리 또 오래 가고 싶어서 그런 거니.

오늘 하루도 거북이처럼 힘을 빼고 '엉금엉금' 달려간다. 매번 삶의 모든 순간마다 어떻게 전력을 다할 수 있을까. '우화'에서 거북이처럼 결승점에 다다르기만 한다면야, 기록이야 어떻든 간에 충분히 기뻐할 수 있을 테니.

이런 나라도 누군가 어깨를 토닥이며,
수고했다며,
립서비스를 마구마구 날려 줄 수 있을 테니.

한없이 가벼운

지은이 | 김태훈
이메일 | riosniper1@naver.com
발행처 | 도서출판 진포
발행일 | 2025년 12월 10일

ISBN | 979-11-93403-43-3

인　쇄 | 진포인쇄
주　소 | 전북특별자치도 군산시 팔마로4
전　화 | 063)471-1318

ⓒ 한없이 가벼운
본 책은 저작자의 지적 재산으로서 무단 전재와 복제를 금합니다.